Meiner Tochter Suri gewidmet

... “Seit dem Du bei mir bist, trag ich Glück im Blick!“ ...

Autor und Verleger: Markus Arefi, Marktplatz 8, 8544 Pölfing-Brunn, Österreich, www.arefi.at
Druck: Firma Evrografis, Puhova ulica 18, 2000 Maribor, Slovenien, www.evrografis.si
Layout und Einbandgestaltung: Markus Gutschi, www.artweker.at
Fotos: Bianca Stoiser
Modell: Patrick Narath

ISBN: 978-3-200-02877-7

Danksagung

Zu allererst möchte ich Patrick danken, der sofort Lust und Zeit fand als Modell im Buch mitzuwirken und für all die Anweisungen während des Fotoshootings viel Geduld und Ruhe bewies.
Weiters möchte ich mich recht herzlich bei Alexander und seiner gesamten Familie für das tolle Coverfoto bedanken.
Vielen Dank Bianca für die besonderen Bilder und die Nachbearbeitung.
Ein großes Lob gebührt meinem Grafiker und Freund Markus, der in vielen Arbeitsstunden mit seinem Team das tolle Layout kreierte, dafür danke.
Ein großes Dankeschön an alle Erstleser und Bekannte, die mir mit ihrer Zeit und ihren Ratschlägen immer zur Seite standen.
Und nicht zuletzt möchte ich meiner Familie danken, die mich in dieser Zeit unterstützt hat und mir besonderes Verständnis entgegen gebracht hat.

Vorwort

Als Physiotherapeut behandle ich viele Hobbysportler jeglichen Alters, die meist in einem Verein Mitglied sind oder regelmäßig bei einer Turngruppe mitmachen. Während einer Therapieserie kommt man früher oder später auf das Thema Dehnen zu sprechen, wird dazu befragt und bekommt diese oder jene gelernte Dehnübung zu sehen.
Die Aussage vieler meiner Patienten: „Meine Muskeln sind verkürzt" beschreibt ihr subjektives Gefühl und bleibt von mir natürlich nicht unwidersprochen. Oft enden dann diese Gespräche in einem kurzen Vortrag meinerseits über dieses „ach, so unkomplizierte" Thema Dehnen. Davon verwirrt kommt dann vom Patienten bald die berechtigte Frage nach der Sinnhaftigkeit des Dehnens.

In diesem Buch möchte ich auf einfache und verständliche Weise meine eigenen Erfahrungen sowie meine Recherchen aus der Literatur zu diesem Thema aufzeigen, um Ihnen so den daraus für mich entstandenen Zusammenhang näherzubringen.

Ich beabsichtige nicht zu beweisen, dass das Dehnen gesund und notwendig oder ungesund und überflüssig ist, das so hoffe ich, erklärt sich für jeden nach dem Lesen der Kapitel von selbst.

Dieses Werk soll eine Hilfestellung zum ganzheitlichen Verständnis des Dehnens und praktische Tipps zu den Dehnübungen geben.

Im Buch wird bewusst auf die weibliche Form des Vokabulars verzichtet, um eine fließende und einfachere Lesbarkeit zu gewährleisten.

Korrekturblatt:

S.35	Körperliche statt Körpferliche
S.67	Insuffizienz statt Isuffizienz
S.99	Oberarmknochen statt Oberschenkelknochen
S.128	rechten Foto statt linken Foto
S.154	siehe die zwei oberen Bilder auf der Seite 155 statt siehe nebenstehendes Skelett-Bild

Inhaltsverzeichnis

Einleitung

Das Thema Dehnen ist immer noch ein sehr heikles und wie bei fast allen interessanten Themen in der Wissenschaft gibt es viele verschiedene Theorien und Meinungen. Vieles, was noch vor kurzem für gut und richtig empfunden wurde, ist heute schon wieder verworfen und veraltet.

All diese Informationen verwirren uns nur. Es geht sogar so weit, dass Herbert und Gabriel 2002 im „British Medical Journal" eine Studie der School of Physiotherapy der Universität Sydney veröffentlichten, wonach das Dehnen vor oder nach dem Sport in Hinblick auf die Prävention von Muskelverletzungen und Muskelkater wirkungslos und als reine Zeitverschwendung zu sehen ist. Ich bin der Ansicht, dass Dehnen sich sehr positiv auf den Körper auswirken kann und wir daher nicht auf das Dehnen verzichten sollen. Natürlich gibt es auch Gründe das Dehnen zu unterlassen, speziell wenn die Gefahr sich dabei eventuell zu verletzen größer ist als der Nutzen.

Für mich ist der Kernpunkt dieses Buches das Kapitel über die Strukturen bzw. Gewebe, die tatsächlich durch eine Dehnübung betroffen sind.

Vier Fragen sind beim Dehnen essentiell:

WAS dehne ich?

WARUM dehne ich?

WIE dehne ich?

WANN dehne ich?

Dehnen bedeutet das Strecken, das Auseinanderziehen zweier Enden einer Struktur mit dem Ziel diese Enden voneinander zu entfernen, um die Struktur zu verlängern.

Im Englischen bedeutet Dehnen *„stretching"*, von - *to stretch* - dehnen. Als Stretching wird in unserem Sprachgebrauch die statische Variante des Dehnens, die populärste Dehnmethode, bezeichnet. Im angloamerikanischen Sprachgebrauch enden alle Bezeichnungen der Dehnmethoden mit dem Anhang „stretching".

Anderson[1] (1980) propagierte die sanfte statische Dehnung, da seiner Meinung nach das Dehnen auch zum seelischen Wohlbefinden beiträgt. Bis zu diesem Zeitpunkt wurden Dehnübungen dynamisch, ruckartig und sehr intensiv ausgeübt.

Anderson und Sölveborn[2] (1983), Knebel[3] (1985) und andere Kollegen kritisierten diese Technik wegen der angeblich größeren Verletzungsgefahr, da ihrer Meinung nach die ruckartigen Bewegungen Muskelreflexe auslösen können. Sölveborn kombinierte die sanfte statische Dehnung mit der Kontraktion des Zielmuskels vor der Dehnung und entwickelte so das Anspannungs-Entspannungs-Dehnen. Nach und nach wurden weitere Varianten von Dehnmethoden entwickelt, sodass man heute bei all den Bezeichnungen leicht den Überblick verliert.

Viele wissenschaftliche Untersuchungen zum Thema Dehnen wurden mit niedrigen Fallzahlen und mit sehr spezifischen Fragestellungen durchgeführt, sodass die Studien nicht oder nur sehr schwer miteinander vergleichbar sind. Verschiedene Muskelgruppen wurden nicht nur unterschiedlich gedehnt, weitere Unterschiede in den Studien ergeben sich aus der Dauer, der Intensität und der Häufigkeit der Dehnübungen. Viele Untersuchungen wurden zudem an Tieren gemacht. Die Ergebnisse sind nur schwer bis überhaupt nicht auf den Menschen übertragbar. Jede einzelne Untersuchung ist trotzdem ein wichtiger Beitrag zur Klärung der Auswirkungen des Dehnens auf den menschlichen Organismus.

Der Aufbau der Kapitel in diesem Buch ist so gewählt, dass je nach Interesse bestimmte Kapitel ausgelassen und zur Vertiefung der Materie später nachgelesen werden können.

Zum besseren Verständnis der Thematik werden in Kapitel 1 und 2 grundlegende Begriffe erklärt. In Kapitel 3 sind Strukturen, die beim Dehnen unter Zug kommen, beschrieben. Kapitel 4 beschreibt warum man dehnen soll. Die Praxis des Dehnens (wie und wann) wird in den Kapiteln 5 und 6 beschrieben. Das Kapitel 8 „Wissenswertes" liegt mir sehr am Herzen, weil ich hier aktuelle Themen, die das Dehnen betreffen, beschreibe, mit denen ich in meiner Arbeit als Physiotherapeut ständig konfrontiert bin. In Kapitel 9 wird auf die verschiedenen Mobilisierungsübungen hingewiesen und anschließend werden anhand von Fotos die gängigsten Dehnübungen gezeigt und beschrieben.

1. Beweglichkeit

Die Bedeutung und Erklärung meines Grundsatzes „AKTIV LEBEN - GESUND SEIN" finde ich jeden Tag in meiner Arbeit als Physiotherapeut. Leben bedeutet Bewegung und Bewegung hält Leben aufrecht. Das ist ein wichtiges Grundprinzip. Es beginnt bei der Zelle, der kleinsten lebenden Einheit in unserem Körper. Ungefähr alle 9 Jahre werden die gesamten Zellen des menschlichen Körpers erneuert. Unsere Zellen sind ständig im Umbau und müssen auf alle Reize, die auf den Körper einwirken, reagieren. Viele einzelne Zellen formieren sich zu Geweben und diese bauen wiederum Organe auf.
Für die ganzheitliche Funktion des menschlichen Organismus müssen alle Zellen, Gewebe und Organe miteinander in Verbindung stehen und sich austauschen. Verschiedene Systeme wie der Blutkreislauf, das Nervensystem und die Hormone sorgen für die Kommunikation innerhalb des Organismus.

Viele unserer Organe müssen beweglich sein, um ihre Aufgaben zu erfüllen. Beim Einatmen vergrößert unsere Lunge ihr Volumen und verkleinert dieses wieder beim Ausatmen. Ein schlagendes Herz ist mit seinen Formveränderungen ein imposantes Schauspiel. Ebenso wird durch Bewegungen die Verdauung unterstützt. Organe sind in Schutzhüllen eingebettet und müssen sich in diesen bewegen können. Auch unsere Muskeln sind von Faszien umhüllt. Diese Faszien müssen Bewegungen und Formveränderungen der Muskeln mitmachen um eine optimale Muskelarbeit zu gewährleisten.

Bewegung ist nicht nur körperliche Aktivität, sondern auch geistige Aktivität. In vielen Studien wurde gezeigt, dass sich körperliche Aktivität positiv auf die geistige Aktivität auswirkt und das Wohlbefinden steigert.

Die körperliche Leistungsfähigkeit basiert auf fünf motorischen Grundeigenschaften.

Kraft	Ausdauer	Koordination	Schnelligkeit	Beweglichkeit

Dabei ist die Beweglichkeit die Grundvoraussetzung um eine Verbesserung in den übrigen vier Grundeigenschaften erreichen zu können.

Das Haupttrainingsziel des Dehnens ist die Steigerung der Beweglichkeit.

In der Literatur wird die Beweglichkeit definiert als die motorische Fähigkeit willkürlich und gezielt Bewegungen mit optimaler Schwingungsweite der beteiligten Gelenke ausführen zu können. Dazu braucht es ein anatomisches, biomechanisches und neurophysiologisches Zusammenspiel. Vereinfacht gesagt *ist die Beweglichkeit der maximale Bewegungsumfang in einem Gelenk* und wird durch die Parameter Gelenkigkeit und Dehnfähigkeit bestimmt.

Die *Gelenkigkeit* ist die Bewegungsfreiheit der Gelenke und ist abhängig von der Anatomie des jeweiligen Gelenks (Knorpel- und Knochenform) und seiner Gelenkbiomechanik. Bei Gesunden gibt es eine physiologische Normbreite der Gelenkigkeit, die im Gegensatz zur Dehnfähigkeit nur gering beeinflusst werden kann. Ein anschauliches Beispiel sind Personen, die nicht in der Lage sind eine Grätsche zu machen. Egal wie sehr sie sich beim Dehnen bemühen, sie werden trotzdem nie eine Grätsche schaffen.

Die *Dehnfähigkeit* bezieht sich auf die gelenksumgebenden Strukturen, die mehr oder weniger elastisch sind. Dazu gehören die Muskulatur, die Bänder, die Sehnen, die Gelenkskapseln, die Faszien, die Gefäße, die Nerven und die Haut.

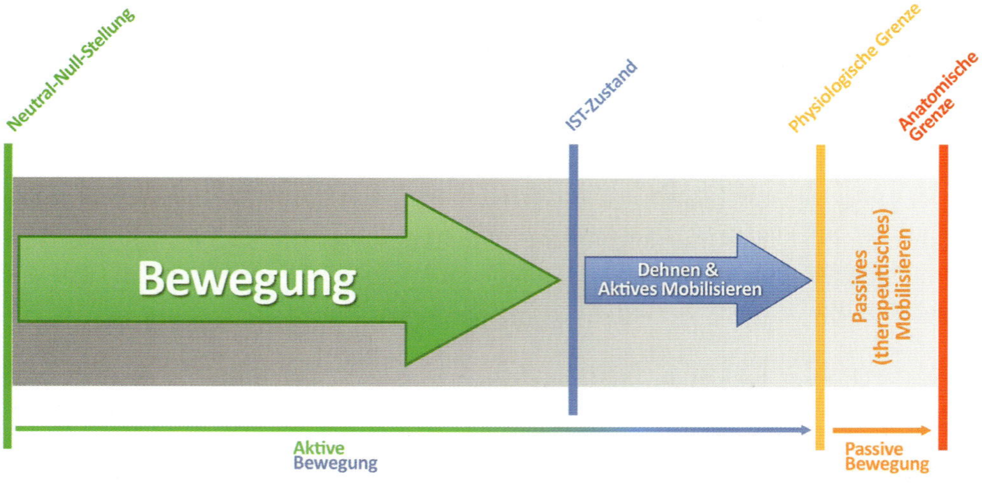

In der Skizze wird die Beweglichkeit eines Gelenks dargestellt.

- Von der Neutral-Null-Stellung aus ist eine bestimmte Bewegung bis zum Ist-Zustand möglich. Unter dem Ist-Zustand versteht man die eventuell auf Grund verschiedener Einschränkungen gegebene aktuelle Bewegungsfreiheit.
- Der Ist-Zustand kann durch Dehnungsübungen und aktive Mobilisierungen

bis an die physiologische Grenze heran geführt werden.

- Der sehr kleine Gewinn der Beweglichkeit von der physiologischen bis an die anatomische Grenze ist nur durch passives Mobilisieren (Physiotherapie, Manualtherapie) möglich. Die anatomische Grenze ist durch die individuell genetisch vorgegebene Form der Gelenke und Knochen bestimmt und ist ohne Verletzung nicht überwindbar.

Die Beweglichkeit wird zusätzlich von vielen weiteren Faktoren wie Umgebungstemperatur, Tageszeit, Alter, Ermüdung, Trainingszustand, Geschlecht, Genetik, Schmerz und Psyche (Emotion) beeinflusst.

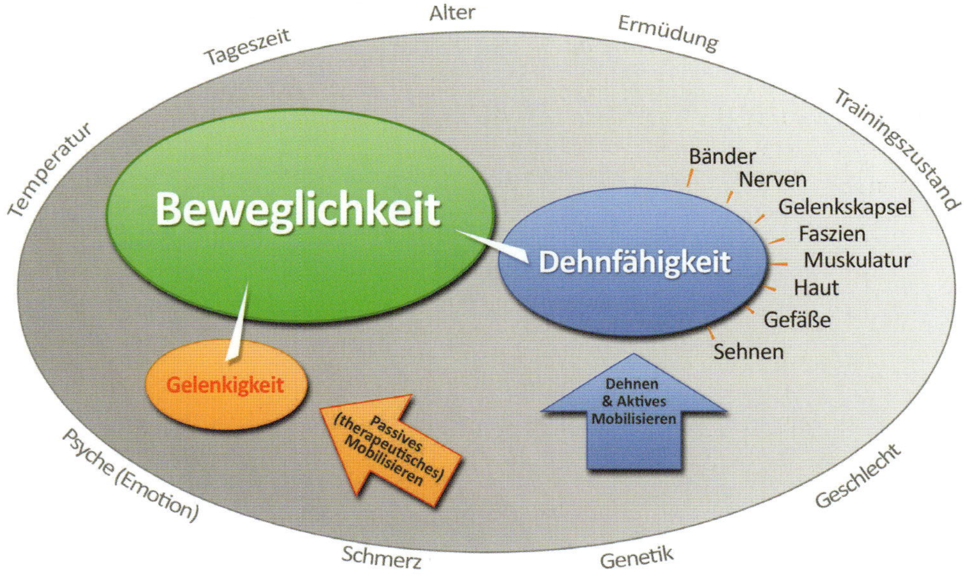

Physiologische Veränderungen durch den Alterungsprozess nehmen auf die Beweglichkeit einen großen Einfluss. Die Anzahl der elastischen Fasern in Sehnen, Bändern und Faszien nimmt zum Beispiel im höheren Alter ab und zunehmender Wasserverlust führt zur Versteifung von Gewebestrukturen. Regelmäßige Bewegung kann diese „Alterserscheinungen“ verhindern oder zumindest abschwächen.

2. Rheologie

Das Fachgebiet der Rheologie beschäftigt sich mit dem Verformungs- und Fließverhalten von Materie. Laut Meert[4] (2009) bezieht sich die Rheologie auf den Zusammenhang zwischen Verformbarkeit und Belastbarkeit eines Materials in Abhängigkeit von der Zeit.

Wirkt eine Kraft auf eine Struktur oder einen Körper, dann führt diese entweder zu einer Bewegung oder einer Deformation (Formveränderung).
Formveränderungen können sich wieder rückbilden oder bleibend sein. Von *Elastizität* spricht man, wenn ein deformierter Körper nach Abnahme der einwirkenden Kraft wieder seine ursprüngliche Form annimmt. Wird die einwirkende Kraft aber größer, kommt es zu einer bleibenden *Verformung* (*Plastizität*). Wird die einwirkende Kraft weiter erhöht, führt dies schließlich zum Zerreißen der Struktur.
In der Physik wird dieses Zusammenwirken von Spannung σ (sigma = F/A; Kraft pro Flächeneinheit) und Dehnung ε (epsilon= Δ l/l; Längenzunahme bezogen auf die Ausgangslänge) im Spannungs-Dehnungs-Diagramm dargestellt (siehe Abb. 1 und 2).

Wird auf einen herkömmlichen Metallstab ein Zug ausgeübt, so verhalten sich Spannung und Dehnung bis zu einem bestimmten Punkt (A) proportional, eine weiter ansteigende Dehnung führt zu einem verhältnismäßig kleineren Anstieg der Spannung bis zur sogenannten Elastizitätsgrenze (B). Wird diese Elastizitätsgrenze überschritten, so kommt es zur plastischen Verformung des Metallstabes und schließlich zum Zerreißen, Reißpunkt (C)

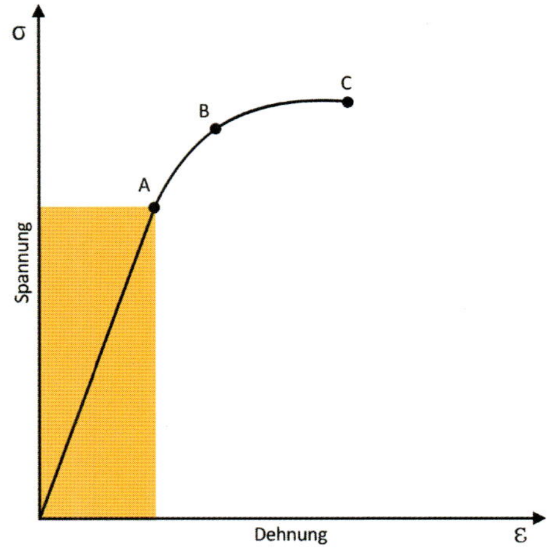

Abb. 1: Lineares Verhalten von technischer Materie

Metalle besitzen einen einheitlichen atomaren Aufbau und reagieren deshalb anders als biologische Gewebe, die inhomogen aufgebaut sind. Grundsätzlich gilt, dass biologische Materialien auf Zugbeanspruchung nicht-linear reagieren. Für biologische Materialien ergibt sich untenstehendes Spannungs-Dehnungs-Diagramm.

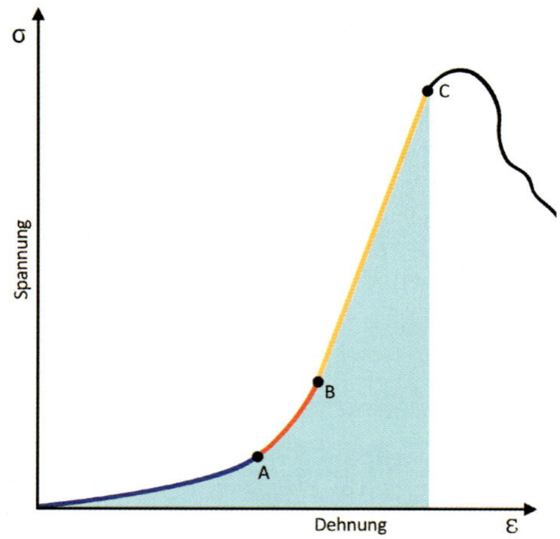

Abb. 2: Nicht lineares Verhalten von biologischem Gewebe

Die relativ große Dehnung bis zum Punkt A erfolgt bei geringer Zunahme der Spannung. Nach der Übergangszone zwischen A und B kommt es zu einem quasi-linearen Verhalten (B-C) bis man sich schließlich dem Reißpunkt (C) nähert. Der unterschiedliche Aufbau von Faszien, Sehnen, Bändern, Gelenkkapseln und Muskeln bedingt verändertes Verhalten im Spannungs-Dehnungs-Diagramm.

Zu beachten ist, dass schon vor dem Reißpunkt partielle Risse in den Geweben auftreten.

Ein großer Vorteil des nicht-linearen Verhaltens von biologischen Materialien ist die Energieersparnis. Der Punkt A wird in diesem Beispiel in technischen und biologischen Materialien bei gleicher Spannung (σ 3) und Dehnung (ε 2) erreicht. Vergleicht man allerdings den Spannungszustand von technischem und biologischem Material bei einer bestimmten Dehnung ε 1, so ist die Spannung im technischen Material wesentlich höher. Die Energieersparnis zeigt sich in der Differenz der beiden Kurven in der orangen Fläche (Abb. 3).

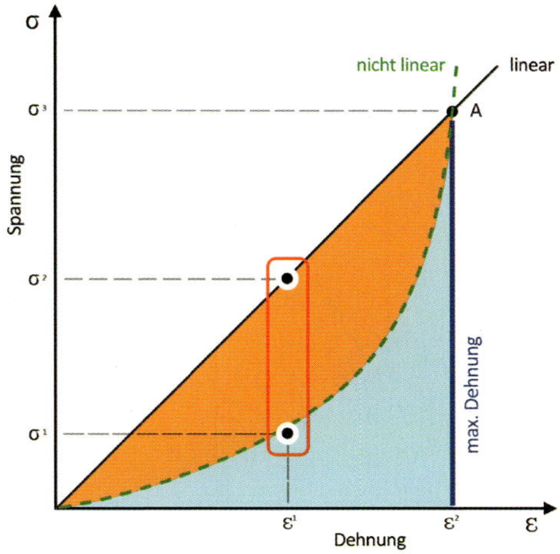

Abb. 3: Energieersparnis

Praktisches Beispiel:
Ein Gelenk kann ohne großen Widerstand eine bestimmte Bewegung ausführen. Erst danach, wenn die Bewegung in Richtung Gelenkendstellung geht, wird die Bewegung (Dehnung) durch die aufgebaute Spannung der umgebenden Strukturen abgebremst bzw. gestoppt.

Der Faktor Zeit spielt in der gesamten Biologie eine wichtige Rolle. Ein Gummiband kann zur Erlangung einer bestimmte Länge langsam oder schnell gedehnt werden. In diesem Fall spielt die Zeit keine Rolle. Anders verhält sich biologisches Material, z.B. Bindegewebe. Übt man einen konstanten Zug auf biologisches Material aus, so nimmt die Dehnung bei gleichbleibender Krafteinwirkung weiter zu. Diese Eigenschaft, die stark von der Zeit abhängig ist, wird als *Kriechphänomen* (*creeping*) bezeichnet.

Wird hingegen die Dehnung konstant gehalten, so lässt sich mit der Zeit eine Verminderung der Spannung (*Relaxationsphänomen*) feststellen. Für technische Materialien spielt auch hier die Zeit keine Rolle. Um eine, auf eine bestimmte Länge auseinandergezogene Stahlfeder exakt in dieser Länge zu halten, ist auch nach Stunden dieselbe Kraft notwendig.

Ein weiteres interessantes Phänomen von biologischen Materialien ist die sogenannte *Hysteresis*. Nach einer Dehnung kehrt das biologische Material nicht in seine Ausgangslänge zurück, vielmehr lässt sich ein Längengewinn feststellen. Das Gewebe nimmt, wenn keine weitere Dehnung erfolgt, nach kurzer Zeit seine ursprüngliche Länge wieder ein. Während dieser Zeit könnte man dieses Gewebe als plastisch verformt ansehen.

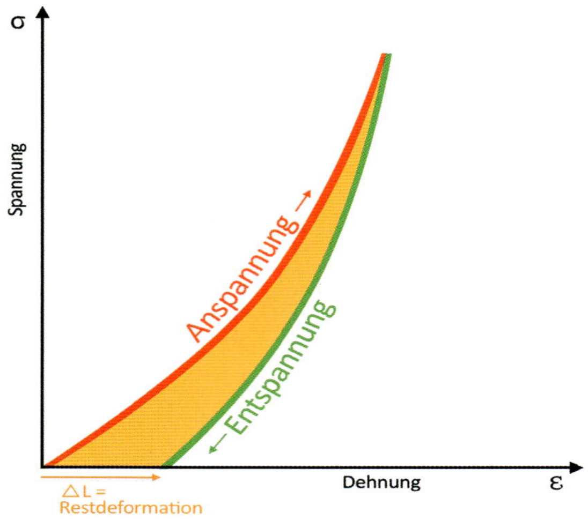

Abb. 4: Hysteresis

All diese Effekte wurden an verschiedenen menschlichen und tierischen Präparaten festgestellt und sind deshalb nicht einfach auf den lebenden Gesamtorganismus zu übertragen. Vielmehr ist die Ganzheit der unterschiedlichen Funktionen verschiedener Strukturen zu beachten.

Der hohe Wassergehalt des Menschen beeinflusst viele dieser Funktionen. Durch das Aufwärmen vor einer sportlichen Betätigung wird die Viskosität (Zähflüssigkeit) des hohen Flüssigkeitsanteils im Muskelgewebe (Bindegewebe) herabgesetzt und damit der Dehnungswiderstand geringer. Wiederholte mechanische Belastungen (Sport) bewirken eine Minderung des Dehnungswiderstandes, da die Viskosität der Flüssigkeit gesenkt wird. Dieser Effekt wird als *Thixotropie* bezeichnet. Ein anschauliches Beispiel hierfür ist z.B. Ketchup, das durch Rühren flüssig wird.

3. WAS wird gedehnt?

Der menschliche Bewegungsapparat erfüllt täglich eine Vielzahl von Funktionen, die zum Überleben essentiell sind. Die Hauptaufgaben des Bewegungsapparates sind die Körperhaltung (statische Muskelarbeit) einerseits und die Bewegung (dynamische Muskelarbeit) andererseits. Dazu wird der Bewegungsapparat in einen aktiven und einen passiven eingeteilt.

Der *aktive Bewegungsapparat* besteht aus mehr als 400 Muskeln, die meist paarweise im Körper vorhanden sind. Zum *passiven Bewegungsapparat* gehören das Bindegewebe (Faszien, Sehnen, Bänder, Gelenkskapsel) und das Stützgewebe bestehend aus dem Knorpel- und Knochengewebe.

Die Skelettmuskulatur ist durch Sehnen an Knochen befestigt, die über Gelenke miteinander verbunden sind. Durch Muskelkontraktionen werden im Endeffekt Knochen gegeneinander oder miteinander bewegt, um so die Körperhaltung oder die erwünschte Gelenkstellung zu erzielen.

Neben dem Muskelgewebe werden auch benachbarte Strukturen, wie Faszien, Sehnen, Bänder, Gelenkkapseln, die Haut, Nerven und Blut- und Lymphgefäße bewegt. Durch Dehnübungen werden die genannten Strukturen über das normale Maß (Ist-Zustand) hinaus beansprucht.

3.1. Muskulatur

Der Muskulatur wurde bis vor kurzem noch wenig Bedeutung zugeschrieben. Sie ist ein großes Organsystem und stellt ca. 30 - 40 % der Körpermasse.

In der Manualmedizin und bei psychischen und psychosomatischen Krankheiten spielen muskuläre Parameter bereits eine wichtige Rolle. Auch in anderen Teilbereichen der Medizin wird nach und nach mehr Augenmerk auf die Muskulatur gelegt.

Die Skelettmuskulatur besteht aus kontraktilen (zusammenziehbaren) und bindegewebigen Anteilen.
Ein Skelettmuskel ist durch Sehnen an Knochen befestigt. Der gesamte Muskel ist von einer Bindegewebshülle, der Faszie, umgeben. Die unter der Faszie gelegene Hülle – das Epimysium – umschließt die vielen Faszikeln eines Muskels.

Abb. 5: Aufbau eines Skelettmuskels

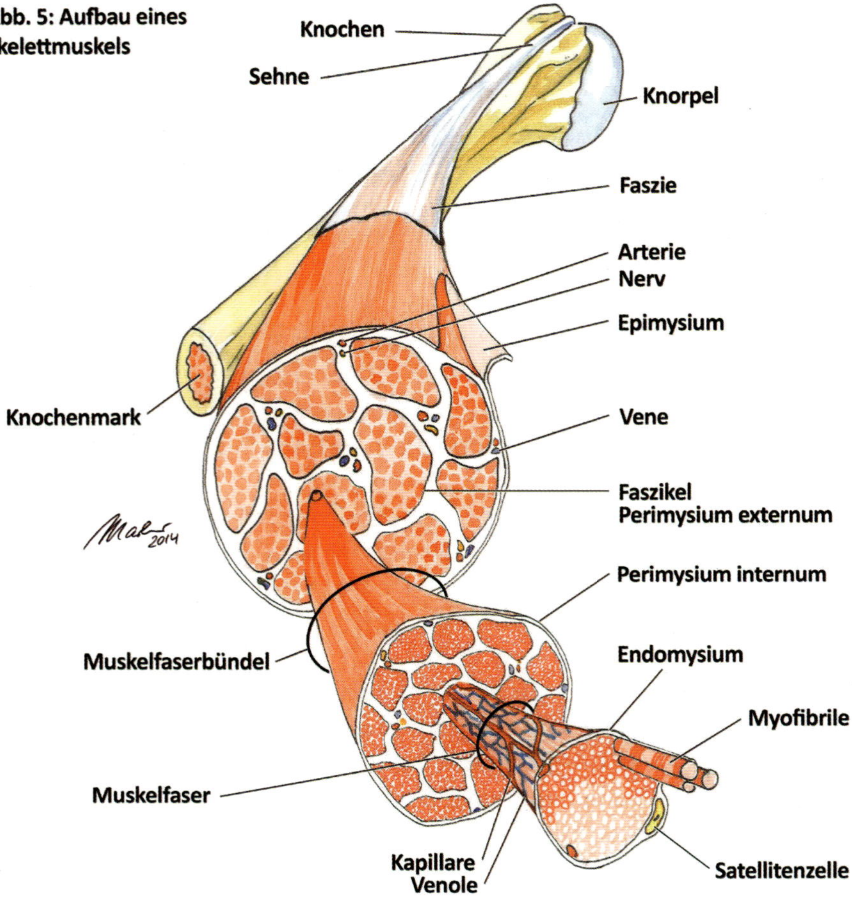

Ein einzelner Faszikel wird vom Perimysium externum umhüllt. Der Faszikel setzt sich aus vielen Muskelfaserbündeln zusammen. Das einzelne Muskelfaserbündel wird vom Perimysium internum umschlossen. Ein Muskelfaserbündel setzt sich aus ca. 15 - 20 Muskelfasern zusammen, jede Muskelfaser ist von einem Endomysium umschlossen. Jede Muskelfaser wiederum besteht aus mehreren 100 bis mehreren 1000 parallel verlaufenden Myofibrillen. Während des Wachstums verschmelzen bis zu 10.000 Muskelzellen zu einer Muskelfaser.

Die Bindegewebshüllen des Muskelgewebes Epimysium, Perimysium und Endomysium bestehen hauptsächlich aus kollagenen und elastischen Fasern sowie Fibroblasten. Das Bindegewebe dient als Leitstruktur für Nerven und Gefäße und hält Muskelfasern, Muskelfaserbündel und Faszikel als Funktionseinheiten zusammen.

Die Hauptbestandteile einer Myofibrille sind die Proteine Aktin, Myosin und Titin, die die kleinste kontraktile Einheit, das Sarkomer, bilden. In der Mitte des Sarkomers liegt ein dickes Myosinfilament. Jedes Myosinmolekül besitzt ein sogenanntes Myosinköpfchen, welches eine Verbindung mit den dünnen Aktinfilamenten, die streng geordnet um das Myosinfilament liegen, eingehen kann. Aktinfilamente sind mit den Z-Linien verbunden, die die seitliche Begrenzung eines Sarkomers bilden. Da die Sarkomere benachbarter Myofibrillen stets auf gleicher Höhe liegen, ergibt sich unter dem Mikroskop die charakteristische Querstreifung. Die Myosinfilamente in der Mitte (A-Bande, anisotrope Bande) erscheinen dunkel, die Aktinfilamente bilden die helle I-Bande (isotrope Bande). Die Anbindung der Myosinköpfchen an die Aktinfilamente ist ein komplizierter chemischer Vorgang, welcher Energie (in Form von ATP) verbraucht.

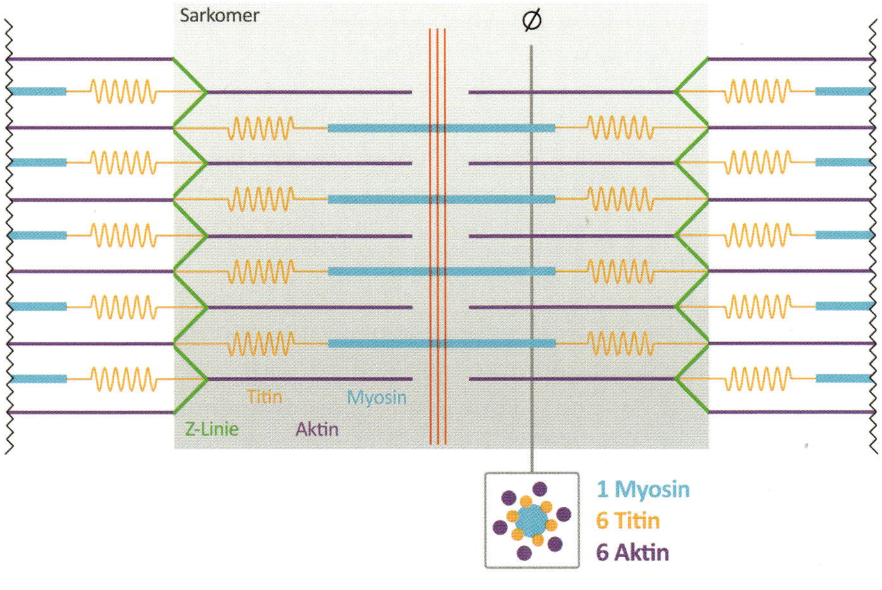

Erst 1976 wurde das Protein Titin, welches hochelastisch zwischen den Myosinfilamenten und den Z-Linien eingespannt ist, von Maruyama[5] entdeckt. Titin ist somit verantwortlich für die Ruhespannung (passiver Muskeltonus) und hält das Myosinfilament stets in der Mitte des Sarkomers.

Neben Aktin, Myosin und Titin gibt es eine Reihe weiterer Proteinfilamente, die die Sarkomere in alle Richtungen durchlaufen und eine mechanische Schutzfunktion ausüben.

Bei einer Muskelkontraktion verkürzen sich die einzelnen Sarkomere bis zu 40 % ihrer Ausgangslänge durch das Ineinandergleiten der Aktin- und Mysonfilamente. Bei der Kontraktion (Verkürzung) des gesamten Muskels werden mehrere 1000 hintereinanderliegende Sarkomere eines Muskels gleichzeitig verkürzt. Wird die Kontraktion beendet, gleiten Aktin- und Myosinfilamente wieder auseinander.

Wird ein Muskel maximal gedehnt, so überlappen sich Aktin- und Myosinfilamente nicht mehr. Titin als hochelastisches Element sorgt einerseits dafür, dass die Filamente nicht weiter auseinander gezogen werden, andererseits ist Titin dafür verantwortlich, dass die Filamente wieder in ihre Ausgangsstellung zurückkehren.

Muskeln sind in ihrer Form und damit in ihrer Funktion stark veränderbar. Wird ein Muskel nicht beansprucht, wird er verkümmern (Hypotrophie), weil Sarkomere abgebaut werden. Wird er hingegen besonders beansprucht, werden mehr Sarkomere parallel in die Myofibrille eingebaut. Dadurch ergibt sich für einen hypertrophierten Muskel eine höhere Ruhespannung (*passiver Muskeltonus*), da durch die erhöhte Anzahl von Sarkomeren auch mehr hochelastisches Titin vorhanden ist. Dieses setzt im ruhenden, entspannten Muskel einen Widerstand gegen eine passive Dehnung.

Der *aktive Muskeltonus* ist hingegen jene Spannung, die der kontrahierende Muskel entwickeln kann. Der aktive Muskeltonus wird durch die Anzahl der Verbindungen zwischen den Aktin- und Myosinfilamenten innerhalb der Muskelfasern erzeugt. Je nachdem wie viele Muskelfasern gleichzeitig und mit welcher Intensität kontrahieren, kann sich ein breites Spektrum an aktivem Muskeltonus ergeben. Im hypertrophierten Muskel, in welchem mehr Sarkomere parallel angeordnet sind, ist ein höherer aktiver Muskeltonus zu erreichen. Ein lang anhaltender Muskeltonus führt zu schmerzhaften Verspannungen.

Für jeden Muskel lässt sich die individuelle Optimallänge bestimmen, da bei dieser Länge die größte Kontraktionskraft entwickelt werden kann. Auf der Ebene der Filamente des Sarkomers ist es jener Zustand, in welchem sich Aktin- und Myosinfilamente zu 100 % überlappen und so jedes Myosinköpfchen eine Verbindung mit dem Aktin eingehen kann. Jede andere Stellung der Aktin- und Myosinfilamente führt zur Absenkung der Kontraktionskraft.

Die Skelettmuskulatur wird in phasische und tonische Muskeln unterteilt. Die phasischen Muskeln sind für die Bewegungsarbeit zuständig und bestehen überwiegend aus weißen bzw. FT-Fasern (fast switch). Die tonischen Muskeln hingegen leisten Stütz- und Haltearbeit und bestehen überwiegend aus roten bzw. ST-Fasern (slow switch).

Die Verteilung der ST- und FT-Fasern ist von Geburt an genetisch determiniert. Im Laufe des Lebens verändert diese sich funktionsabhänging. Unabhängig vom Fasertyp müssen Muskeln entsprechend beansprucht werden, um eine optimale Leistung zu erbringen. Erfahrungsberichte zeigen, dass tonische Muskeln bei nicht entsprechender Beanspruchung eher zu „Verspannungen" und phasische Muskeln eher zur Abschwächung neigen.

Um einen Muskel zu bewegen, eine Kontraktion auszulösen, ist ein Befehl aus dem Gehirn notwendig, der über Nerven und über mehrere Umschaltstellen an die Muskelfaser geleitet wird. Im Bereich der Muskelfaser zweigt sich der Nerv stark auf und bildet mit den innervierten Muskelfasern die motorische Endplatte. Informationen über den jeweiligen Spannungszustand werden ständig an das zentrale Nervensystem weitergeleitet.
Wird ein Muskel hingegen zu intensiv gedehnt, so wird er durch Muskelspindeln als Dehnungsrezeptoren vor Überdehnung geschützt (Reflex).

Das Muskelgewebe ist sehr gut durchblutet. Die Gefäße haben einen wellenförmigen Verlauf und können sich bei einer Dehnung des Muskels sehr stark verlängern. So wird verhindert, dass bei einer Verlängerung des Muskels die Durchblutung verringert wird.

Eine Muskelkontraktion oder eine mechanische Belastung (z.B. Druck) führt zu einer deutlichen Druckerhöhung innerhalb des Muskelgewebes und damit auch auf die Gefäße. Wird ein Muskel mit ca. 50 % seiner maximalen Kontraktionskraft kontrahiert, so wird seine Durchblutung völlig gedrosselt. Demzufolge wird sich ein anhaltend gesteigerter Musekltonus negativ auf den Stoffwechsel und die Leistung des Muskels auswirken (Lindel[6], 2010).

Gleichzeitig kann eine Kontraktion auch zur Kompression von Venen führen, die unmittelbar in der Nachbarschaft verlaufen und durch andere Strukturen gehindert werden, dem Druck auszuweichen.

3.2. Bindegewebe

Das Bindegewebe, als ein sehr heterogenes (ungleichartiges) Gewebe, kommt überall (ubiquitär) im menschlichen Körper vor. Die Aufgaben reichen von Formgebung und Stabilisierung der Organe und Gewebe bis hin zum Stoffwechsel, Speicherung von Fett und Wasser. Aber auch die Immunabwehr gehört zu seinen Aufgaben. Es hat eine enorme Fähigkeit zur Anpassung und Regeneration, welche bis ins hohe Alter erhalten werden kann (Meert[7], 2009)
Laut Pischinger[8] (1998) ist das Bindegewebe nicht nur das Grundgewebe des gesamten Körpers, sondern ein umfangreiches Molekularsieb, welches als Filter im Stoffaustausch zwischen Kapillaren und Zellen fungiert.
Das Stützgewebe, welches aus demselben embryonalen Gewebe hervorgeht, bildet die verschiedenen Knochen- und Knorpelgewebe.

Bindegewebe besteht aus Bindegewebszellen (ortsständig oder beweglich) und der extrazellulären Matrix. Zelluläre Komponenten des Bindegewebes sind die Fibroblasten, Fibrozyten, Fettzellen und Abwehrzellen. Fibroblasten sind die Hauptzellen des Bindegewebes und produzieren Kollagen und Proteoglykane. Nach der Reifung zu Fibrozyten werden sie bewegungsunfähig und stehen durch lange Fortsätze miteinander in Verbindung. Dieses netzartige, dreidimensionale Gefüge verleiht dem Bindegewebe Stabilität.
Fettzellen kommt die Aufgabe zu Fett in ihrem Zellinneren zu speichern und bei Bedarf auch wieder freizugeben. Neben dieser Funktion als Energiereserve erfüllen Fettzellen wichtige weitere Funktionen. An verschiedenen Stellen des Körpers dient Fett zur Füllung von Hohlräumen und sichert so die Position von Organen. Nicht zu unterschätzen ist die Funktion als Schutz- und Druckpolster.
Die Zellen für die Immunabwehr, Histiozyten und Makrophagen, können sich durch die Bildung von Ausläufern im Bindegewebe frei bewegen. Diese Zellen beseitigen Zellreste, tote Zellen und Bakterien.
Die extrazelluläre Matrix besteht überwiegend aus Wasser und festen Bestandteilen. Diese festen Bestandteile sind Kollagen (sorgen für die Zugfestigkeit), elastische Fasern (sorgen für die Dehnbarkeit) und retikuläre Fasern (sorgen für Stabilität).
Da Bindegewebe überall im Körper vorhanden ist, ist es nicht weiter verwunderlich, dass es viele unterschiedliche Arten gibt, da der Aufbau natürlich funktionsabhängig ist.

Ein Kollagenmolekül besteht aus drei Alpha-Ketten, die sich in Form einer rechts-drehenden Super-Helix umschlingen. Jede Alpha-Kette besteht aus ca. 1000 Aminosäuren, die in Form einer links-drehenden Helix angeordnet sind. Die

Alpha-Ketten werden von den Fibroblasten gebildet und zu Kollagenmolekülen verbunden. Viele Moleküle lagern sich zusammen und bilden die Kollagenfibrillen. Eine Kollagenfaser besteht aus mehreren Fibrillen.

Durch die Drehung einer Alpha-Kette kommt es zu zusätzlichen Bindungen zwischen den Aminosäuren, die die Struktur verstärken. Diese Querverbindungen sind sowohl intramolekular als auch intermolekular zwischen den Kollagenmolekülen vorhanden und werden als *cross-links* bezeichnet.
Je größer die Zahl der *cross-links* ist, desto steifer ist das Gewebe.
Kollagenfasern liegen im Gewebe in Bündeln zusammen, die wie Haarlocken leicht gewellt sind und deshalb anfangs leicht gedehnt werden können. Ist die Dehnung stärker, kommt es zu einer irreversiblen Längsdehnung und schließlich zum Zerreißen. Schnelle Belastungen führen rasch zur Schädigung, bei langsameren kontinuierlichen Belastungssteigerungen hingegen kann sich das Gewebe anpassen und verformen, da *cross-links* aufgelöst werden.

Abb. 6: Kollagenaufbau

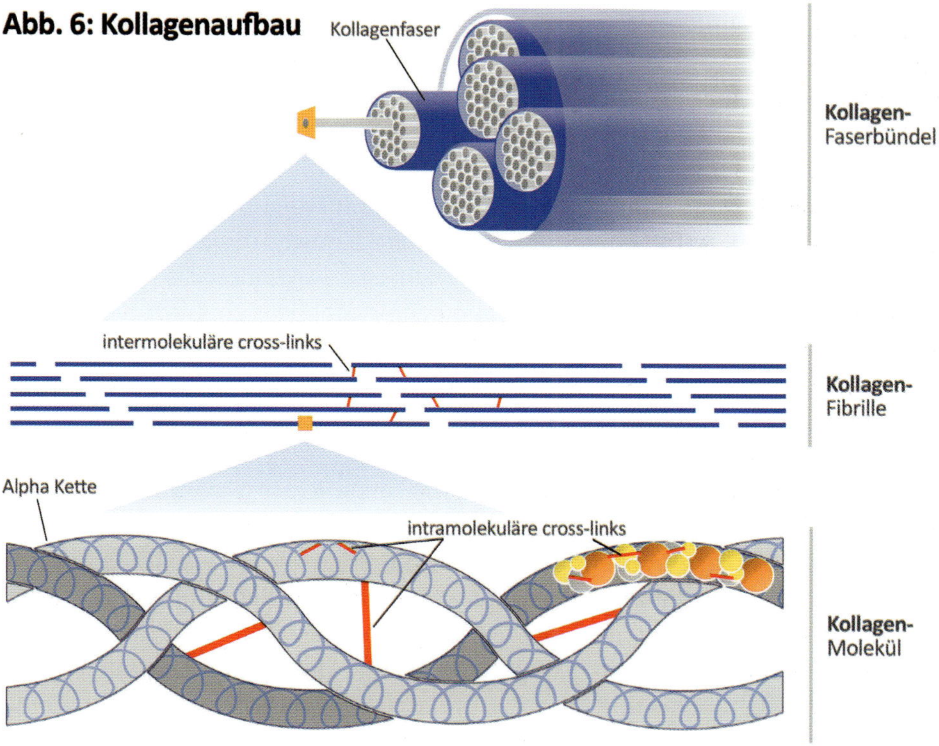

Zurzeit sind mehr als 20 verschiedene Formen von Kollagen bekannt. Die häufigsten sind das Typ-I- und Typ-II-Kollagen. Typ-I-Kollagen hält großen Zugbeanspruchungen stand und findet sich deshalb in Knochen, Sehnen und Bändern. Die Zugfestigkeit ergibt sich aus der parallelen Anordnung der Kollagenfasern. Das Typ-II-Kollagen, welches in Knorpeln und Bandscheiben vorhanden ist, hält hohen Druckbeanspruchungen stand. Diese Strukturen sind kaum dehnbar. In der Haut und dem lockeren Bindegewebe sind die Kollagenfasern locker und ungeordnet vorhanden. In den Faszien der Muskeln sind die Fasern gitterartig angeordnet.

Im Binde- und Stützgewebe sind viele Rezeptoren vorhanden, die Informationen über die Körperhaltung, die Bewegung oder die Lage im Raum an das Gehirn weiterleiten. Diese Propriozeption (Tiefensensibilität) wird als unser sechster Sinn bezeichnet.
Die Rezeptoren befinden sich in Gelenken, Muskeln, Faszien, Sehnen und in der Haut. Ohne diese Fähigkeit der Körperwahrnehmung sind keine koordinierten Bewegungsabläufe möglich. Das für uns normale Gehen ist ohne Tiefensensibilität nicht möglich. Wird unser sechster Sinn durch Medikamente, Drogen oder Alkohol gestört, sind einfache, vertraute Bewegungen schwierig bzw. unmöglich.

Faszien

Wie bereits erwähnt, sind alle Organe wie auch Muskeln in Bindegewebshüllen unterschiedlichen Aufbaus eingehüllt. Die Bindegewebshüllen der Muskeln, die Faszien, durchlaufen alle Körperregionen und verbinden diese funktionell miteinander. Solche Faszienketten haben die Aufgabe der Kraftübertragung, Bewegungskoordination, Stützfunktion und Stoßdämpferfunktion.

Schleip[9] (2012) berichtet in seiner Arbeit:
Der Aufbau der Faszie verändert sich mit den täglichen Anforderungen, sie kann in Bezug auf ihre Länge, Stärke und Gleitfähigkeit angepasst werden.
Die Kollagenfasern der Faszien von Jugendlichen zeigen eine deutliche Wellenstruktur. Diese Wellenstruktur gewährleistet die jugendlich elastische Bewegungsqualität. Durch Bewegungsmangel verlieren Kollagenfasern ihre Wellenstruktur und ihre Ausrichtung, das Gewebe „verfilzt“. Neueste Untersuchungen an älteren Menschen zeigen, dass durch entsprechende regelmäßige Dehnbelastungen der Aufbau einer jüngeren Kollagenstruktur angeregt werden kann.
Langsame und gleichläufige Bewegungen werden durch die Kraft aus den Muskeln ausgeführt. Die Muskelfasern ändern ihre Länge durch das Ineinandergleiten der

Aktin- und Myosinfilamente. Die Zugkraft wird über die Sehnen, die sich kaum verlängern, an die Knochen bzw. Gelenke übertragen und führen zur Bewegung.
Bei federnden Bewegungen hingegen steuert die Muskelfaszie die kinetische Energie bei. Dieser sogenannte Katapult-Effekt wurde erstmals von Kram & Dawson[10] (1998) durch Beobachtungen der Sprünge von Kängurus und Gazellen erkannt. Die Muskelkraft allein könnte diese niemals ermöglichen. Bei der Analyse dieser erstaunlichen Sprünge werden die Faszien und Sehnen der Beine wie elastische Gummibänder vorgespannt und danach losgelassen. Auch in den Bewegungsabläufen der Menschen entsteht ein großer Teil der Bewegungsenergie aus der dynamischen Federung von Faszien und Sehnen. Schleip vergleicht diesen Katapult-Effekt mit dem Anspannen eines Bogens und dem anschließenden Loslassen. Die Muskelkraft spannt zwar den Bogen, aber die freiwerdende Spannkraft der gezogenen Bogensehne schießt den Pfeil.

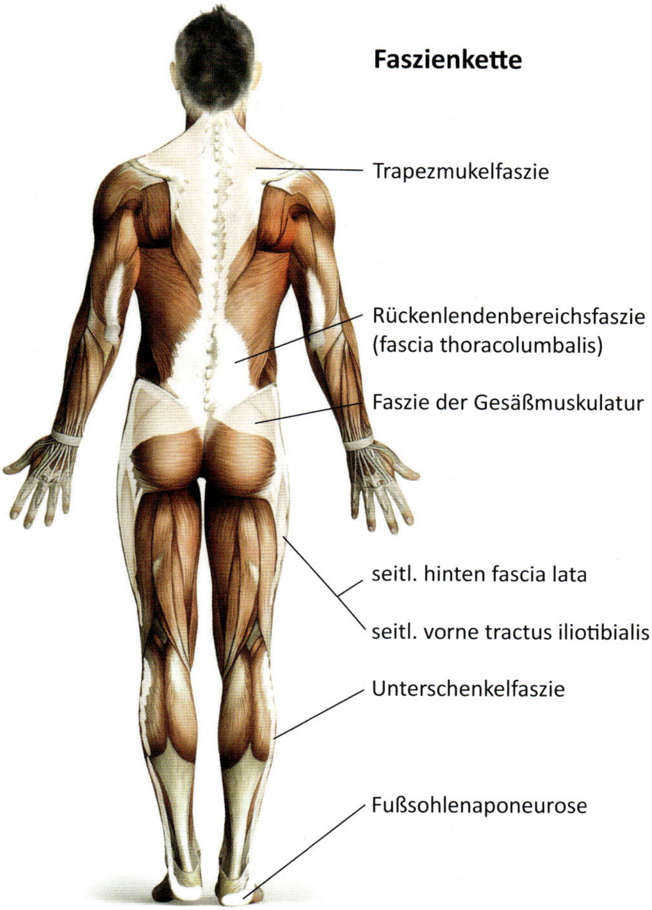

Extreme Aufschläge im Tennis, Speerwurf, Schüsse im Fußball werden durch vorangehendes Anspannen von Faszien und Sehnen möglich.

Sehnen und Sehnenplatten

Sehnen und Sehnenplatten sind wenig elastisch. Durch die Ausrichtung der Kollagenfasern halten sie großen Zugbeanspruchungen stand. Sie sind wenig durchblutet, deshalb dauern Anpassungs- und Heilungsprozesse relativ lang.

Elektronenmikroskopisch ist beim Übergang der Skelettmuskulatur auf ihre Sehnen deutlich zu erkennen, dass die Kollagenfasern der Sehnen in tiefe handschuhförmige Einstülpungen der Muskelfasern eindringen und sich an deren Basallamina befestigen. Von der Muskelfaseroberfläche setzen sich retikuläre Fasern an die Oberfläche der Sehne fort und stellen so eine stabile Verbindung her. Dadurch kann die Muskelkraft auf die Sehnen übertragen werden, die wiederum an einem Knochen ansetzen und diesen bewegen.

Besonders lange Sehnen sind von Sehnenscheiden umgeben. Diese Hüllen sorgen für eine besondere Gleitfunktion.

Sehnenplatten (Aponeurosen) sind flächige bzw. platte Strukturen, die wichtig für die Körperhaltung und Beweglichkeit sind, wie der Tractus iliotibialis (siehe Seite 59) und die Fascia thoracolumbalis.

Gelenkkapseln und Bänder

Gelenke sind durch die Gelenkkapseln von umgebenden Strukturen abgeschlossen. Die innere Schicht produziert die sogenannte Synovialflüssigkeit, die „Gelenkschmiere".
Die äußere Schicht der Gelenkkapsel ist wenig elastisch und stellt so einen wichtigen Faktor für die Stabilisierung der Gelenke dar. Zusätzliche Bänder verstärken diese Funktion.

3.3. Nerven

Das Nervensystem nimmt eine bedeutsame Rolle für die Regelung und Koordination von Körperfunktionen ein. Die Regelzentren befinden sich im Rückenmark und im Gehirn. Rückenmark und Gehirn bilden gemeinsam das zentrale Nervensystem (ZNS), welches sich anatomisch vom peripheren Nervensystem abgrenzen lässt. Periphere Nerven durchziehen den gesamten Organismus und leiten als motorische Nerven Informationen vom ZNS in die Peripherie, während sensible Nervenfasern Informationen von der Peripherie an das ZNS leiten.
In Bezug auf seine Funktionen kann man das Nervensystem in ein willkürliches (somatisches) und ein unwillkürliches (vegetatives/autonomes) Nervensystem unterteilen. Viele unserer Tätigkeiten werden bewusst (willkürlich) ausgeübt. Gleichzeitig dringt eine Vielzahl von lebenswichtigen Funktionen nicht in unser Bewusstsein. Dazu gehören z.B. die Herztätigkeit, die Atmung und

die Verdauungsvorgänge. Das autonome Nervensystem regelt diese Körperfunktionen unter den wechselnden Anforderungen der Umwelt. Bei körperlicher Betätigung etwa werden Herzfrequenz, Blutdruck und Muskeldurchblutung angepasst. Ebenso unterliegt die Steuerung des Schlafs dem autonomen Nervensystem.

Die meisten Organe werden sowohl vom sympathischen wie auch vom parasympathischen Nervensystem innerviert. Die Aktivierung des Sympathikus führt zur Erhöhung der Leistungsbereitschaft des Organismus, während der Parasympathikus für Erholung und Regeneration sorgt. Neben dieser antagonistischen Wirkungsweise ist auch eine synergistische möglich, da Sympathikus und Parasympathikus von übergeordneten Zentren des Gehirns gesteuert werden. Neben dem sympathischen und dem parasympathischen System ist das Darmnervensystem (enterisches Nervensystem), das in der Wand der Verdauungsorgane liegt, ein rein peripheres System, da es keine Ursprungsneurone im ZNS besitzt. Bei Dehnübungen sind vor allem periphere Nerven betroffen.

Die leitenden Strukturen, die sogenannten Axone, werden durch die sie umgebenden Myelinschichten elektrisch isoliert und sind von einer dünnen Bindegewebsschicht, dem Endoneurium umgeben. Mehrere Axone bilden

Abb. 7: Aufbau eines peripheren Nervs

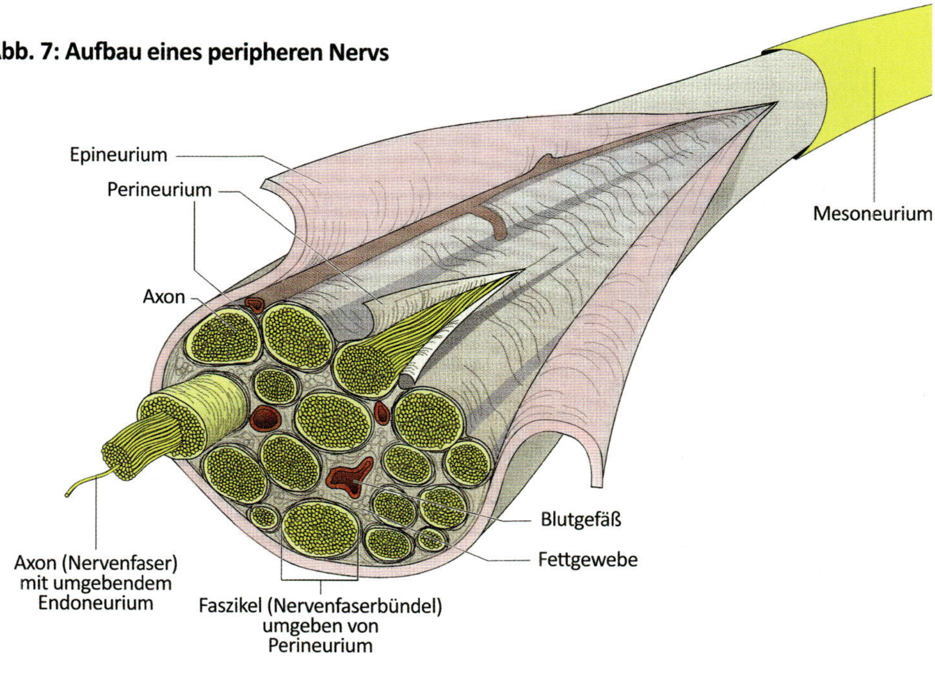

einen Faszikel, welcher von einem Perineurium eingehüllt ist. Der Nerv, der aus einer großen Zahl von Faszikeln bestehen kann, wird von dem Epineurium umgeben. Zwischen dem Nerv und dem umliegenden Gewebe liegt eine weitere Bindegewebsschicht, das Mesoneurium (Abb. 7).

Um seine Funktion optimal zu erfüllen muss das Nervengewebe ständig mit Sauerstoff und Nährstoffen versorgt werden. Blutgefäße durchdringen zuerst das Mesoneurium und verbinden sich dann mit Gefäßen, die innerhalb des Nervs liegen. Wie der Nerv selbst sind auch die Blutgefäße wellenförmig angeordnet und können so bis zu einem gewissen Grad leicht verlängert werden, ohne dass ein zu großer Druck entsteht und damit die Blutzufuhr gedrosselt bzw. der Nerv selbst komprimiert wird.
Eine weitere Schutzfunktion erfüllen kleine Nervenäste, die sich von den Axonen abspalten und das umliegende Bindegewebe innervieren. Diese Nervi nervorum senden ständig Informationen über Druck- und Zugverhältnisse, die auf die Nerven wirken an das ZNS.

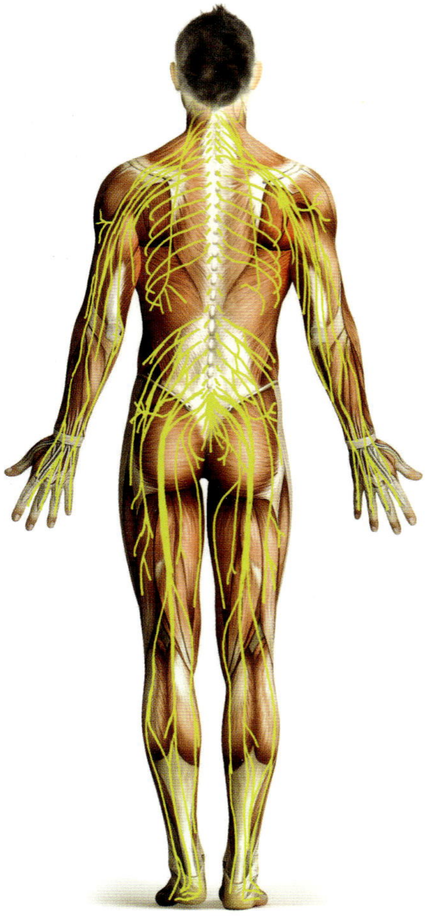

Periphere Nerven sind an den sie umgebenden Geweben befestigt. Sie müssen allerdings Bewegungen der umgebenden Strukturen mitmachen können. Ermöglicht wird dies durch die wellenförmige Anordnung von Faszikeln und Blutgefäßen. Bindengewebshüllen schützen aber auch diese vor schädlichen Druck- und Zugbelastungen. Dort wo Blutgefäße eintreten oder der Nerv sich aufteilt ist geringere Beweglichkeit gegeben. Wie in der nebenstehenden Abbildung gut zu erkennen ist, sprechen wir beim peripheren Nervensystem von einem zusammenhängenden Nervengeflecht. Jede Bewegung der Extremitäten oder des Kopfes hat Auswirkungen bis in die Peripherie, in die Finger und Zehenspitzen.

4. WARUM soll man dehnen?

Umwelteinflüsse bewirkten und bewirken Veränderungen in uns Menschen. Über einen langen Zeitraum der Evolution war die Beschaffung der Nahrung das oberste Ziel, um das Überleben zu sichern. Diese Nahrungsbeschaffung war mit körperlichen Anstrengungen verbunden.
Die technischen Entwicklungen und das Überangebot an Nahrung haben heute neben Vorteilen eine große Zahl an Nachteilen mit sich gebracht. Industriell gefertigte Nahrung wirkt sich negativ auf unsere Gesundheit aus und körperliche Bewegung wird durch technische Hilfsmittel auf ein Minimum eingeschränkt. Zudem hat der menschliche Organismus heute mit einer ständigen Reizüberflutung zu kämpfen.
Die Zahl der Menschen, die erkennen wie positiv Gesundheitssport sich auf ihren Körper und ihre Psyche auswirkt, ist im Wachsen begriffen.
Körpferliche Inaktivität wirkt sich sowohl auf das Herz-Kreislaufsystem, als auch auf den gesamten Bewegungsapparat negativ aus. Gelenke werden nicht endgradig bewegt, Muskeln und Bindegewebe verkümmern und verlieren ihre Elastizität.

Einschränkungen in der Beweglichkeit werden im Volksmund oft mit „meine Muskeln sind verkürzt“ beschrieben. Diese Aussage ist nicht korrekt, auch wenn wir es subjektiv so empfinden.
Physiologisch ist die einzig wahre Verkürzung des Muskels, die kurzfristige Muskellängenabnahme während einer Kontraktion.
Durch Aktionspotentiale gleiten Myosinfilamente in die Aktinfilamente und

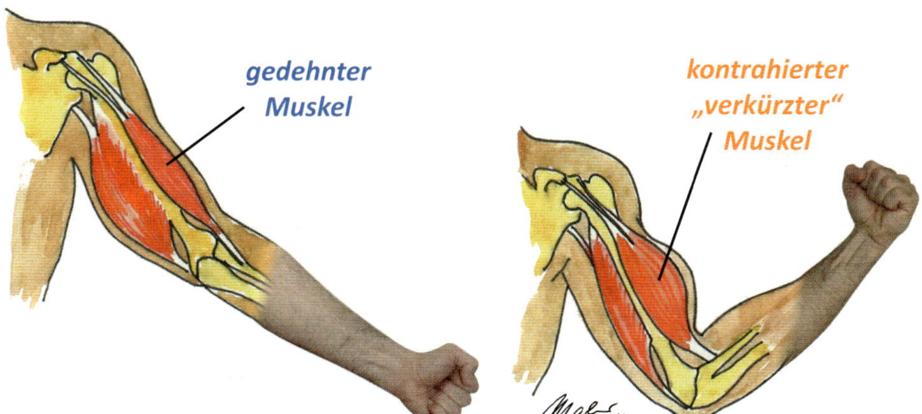

führen so zu einer Längenabnahme der Sarkomere. Der kontrahierte Muskel bekommt einen sichtbaren Muskelbauch, er verkürzt sich.
Gleiches gilt für eine Muskellängenzunahme bei einer Dehnung. Sobald die Zugspannung nachlässt, sorgt das Filament Titin wie eine Feder für die Rückführung der Aktin- und Myosinfilamente in ihre Ausgangsposition. Diese kurzfristigen physiologischen Muskellängenveränderungen machen unsere Bewegungen aus. Eine echte Muskellängenzunahme findet nur im Wachstum durch Zunahme der Anzahl der Sarkomere statt. Gleiches gilt bei langfristig ständig angenäherter Muskulatur (sitzende Berufe, Gips). Diese verliert kontraktile Einheiten (Sarkomere) und verkürzt sich in der Länge und ergibt damit eine echte Muskellängenabnahme.

Der Grund für die eingeschränkte Beweglichkeit liegt nicht nur in der Struktur Muskulatur, da es unmöglich ist nur die Struktur Muskulatur isoliert im menschlichen Körper zu bewegen. Man bewegt unweigerlich auch Faszien, Sehnen, Kapseln, Bänder, Gefäße, Haut und Nerven mit.

Um das komplexe Thema Dehnen halbwegs plausibel zu erklären bzw. verstehen zu können, muss man alle Strukturen bei einer Bewegung bzw. Dehnung und ihre gegenseitige Beeinflussung berücksichtigen.

Das Ziel des Dehnens ist das Wiedererlangen bzw. das Verbessern der Beweglichkeit.

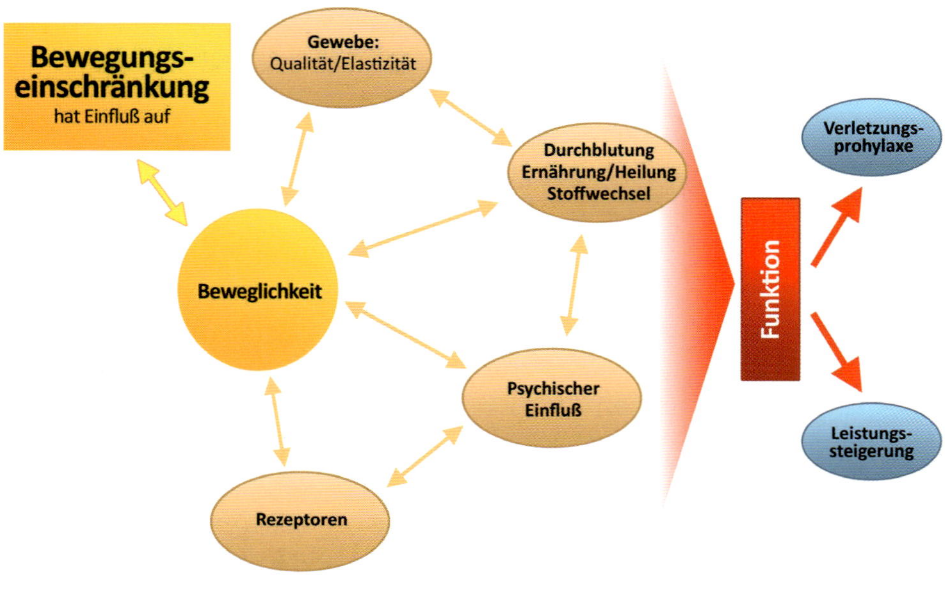

Aus der neben stehenden Abbildung kann man gut erkennen, dass die Qualität und das Wachstum unserer Gewebe, die Elastizität und die Belastbarkeit von unserer Beweglichkeit abhängen. Wenn Bewegungen eingeschränkt sind, dann leiden unweigerlich die Durchblutung der Gewebe und damit der gesamte Stoffwechsel. Durch die fehlende adäquate Energiebereitstellung und Ernährung der Gewebe wird Adaptation (Anpassung) gemindert oder sogar verhindert. Heilungsvorgänge dauern wesentlich länger als üblich.
Bei Bewegungseinschränkungen sind Rezeptoren nicht mehr in der Lage das gesamte Bewegungsspektrum zuzulassen, da der Rezeptor schon sehr früh das Endmaß einer Bewegungsfreiheit signalisiert. Dies gilt auch für die Toleranz der Gewebe ihre maximale Dehnungsspannung auszuhalten. So kommt es letztendlich zum Verlust der endgradigen Bewegung.

Beim Dehnen darf auch der psychische Einfluss nicht außer Acht gelassen werden. Das Verlangen zu dehnen entsteht, wenn wir das Gefühl haben verkürzt, unelastisch oder steif zu sein. Nach dem Dehnen stellt sich ein Wohlgefühl ein, Bewegungen fallen leichter, man fühlt sich flexibler und elastischer (*Kurzzeiteffekt des Dehnens* - siehe Seite 50). Dehnen kann somit Stress vermindern und das Immunsystem stärken.
Ich vermute, dass durch das Dehnen unser Körper nicht nur einen Gewinn an Beweglichkeit erfährt, sondern auch bestimmte glückshormonähnliche Stoffe frei setzt, die in uns ein angenehmes Gefühl auslösen.

Viele Sportler nutzen Dehnübungen, um besser in sich hineinzuhorchen, um bewusster ihre Aufmerksamkeit von den äußeren Reizen weg hin zum eigenen Körper zu lenken. Die Wahrnehmung der Gliederstellungen und des Muskeltonus, des Dehnungs- und Spannungszustandes aller Strukturen werden besser, feiner und schneller wahrgenommen. Freiwald spricht sogar vom „Kalibrieren" der eigenen Muskeln.

Dehnen ist wie jedes sportliche Training ein gesetzter Reiz. Erst wenn dieser Reiz regelmäßig gesetzt wird, also täglich gedehnt wird, kann es zu strukturellen Anpassungen (*Langzeiteffekte des Dehnens* - siehe Seite 50) kommen. Die Verletzungsprophylaxe und die Leistungssteigerung durch Dehnen werden sehr kontrovers diskutiert. Ich denke allerdings, dass eine problemlose endgradige Bewegungsfreiheit in allen Gelenken viele Verletzungen verhindern kann und für die Erbringung einer optimalen (maximalen) Leistung des Sportlers im Wettkampf notwendig ist.

Die Ursachen für Bewegungseinschränkungen sind vielfältig. Für mich, aus der Sicht des Physiotherapeuten, ist die Einteilung der Bewegungseinschränkung in

- strukturelle Einschränkungen
- funktionelle Einschränkungen und
- neuromuskuläre/reflektorische Einschränkungen

zwar möglich, lassen sich allerdings nicht strikt voneinander trennen. Sie beeinflussen sich gegenseitig. So können strukturelle Veränderungen Funktionen verändern, ebenso können veränderte Funktionen die Strukturen verändern.

Strukturelle Einschränkungen

Körperliche Inaktivität, einseitige Belastungen und Verletzungen führen zu strukturellen Veränderungen der Muskulatur, des Bindegewebes und auch der Nerven. Durch körperliche Inaktivität atrophiert die Muskulatur und die Faszien verlieren ihre Elastizität. Auch einseitige Belastungen und Fehlbelastungen führen zu strukturellen Veränderungen, die zu Einschränkungen der Beweglichkeit bis hin zu Schmerzen führen können. Diese Beweglichkeitseinschränkungen stellen sich *schleichend* ein und werden oft erst sehr spät wahrgenommen.

Traumata, Frakturen und Operationen führen im Unterschied dazu zu *abrupten* Einschränkungen der Beweglichkeit. Begleiterscheinungen wie Ödeme, Einblutungen und Entzündungen führen zu Verklebungen im Gewebe und behindern so das freie Gleiten der unterschiedlichen Strukturen.

Für den Heilungsprozess ist oft eine länger andauernde Ruhigstellung notwendig. Diese Ruhigstellungen, die für die Heilung unbedingt notwendig sind, führen zu negativen Veränderungen in allen Strukturen. In der Muskulatur können Sarkomere abgebaut werden, die zur tatsächlichen Muskelverkürzung führen. Im Bindegewebe entstehen *pathologische cross-links*, die die Elastizität herabsetzen.

Zu schnelles Muskelwachstum kann zum schmerzhaften Logen- oder Kompartmentsyndrom führen. Muskelmasse kann sehr rasch aufgebaut werden, die bindegewebigen Faszien benötigen aber wesentlich mehr Zeit, um sich zu vergrößern. Als Folge wird der schnell größer gewordene Muskel durch die zu kleine Faszie (Hülle) eingeengt.

Funktionelle Einschränkungen

Zu den funktionellen Einschränkungen zähle ich die sportspezifischen Adaptationen, muskulären Dysbalancen und Weichteilhemmungen.
Bei Fußballern ist z.B. die hintere Oberschenkelmuskulatur des Schussbeines oft viel stärker ausgeprägt als die des anderen Beines. Diese muskuläre Adaptation ist notwendig, damit nach einem Schuss der Hüftkopf in der Pfanne gehalten werden kann. Diesen Sportlern ist es dadurch oft nicht mehr möglich ohne Probleme mit ihren Fingerspitzen den Boden zu berühren oder das Kniegelenk voll durchzustrecken (Adaptation).
Den ganzen Tag regelmäßig sitzende Arbeit am Schreibtisch führt mit der Zeit zu einem kürzeren Hüftbeuger und Kniebeuger, da dessen Gegenspieler die Hüftstrecker und die Kniestrecker durch dauerhafte Inaktivität geschwächt sind (muskuläre Dysbalance).
Bodybuildern mit stark hypertrophierten Latissimusmuskeln ist es nicht mehr möglich die Arme an den Rumpf zu legen. Ellbögen können nicht mehr ganz gebeugt werden, weil die zu starke Bizepsmuskulatur dies verhindert (Weichteilhemmung).

Neuromuskuläre/reflektorische Einschränkungen

Zu den neuromuskulären Bewegungseinschränkungen gehören der Muskelhypertonus und der Muskelhypotonus, die tatsächlich durch Verletzungen des zentralen Nervensystems (ZNS) entstehen (z.B. nach Schädelhirntrauma, Schlaganfall). Bei Schmerzen werden unbewusst Schonhaltungen eingenommen, um diese Schmerzen zu vermeiden bzw. zu lindern. Wird diese Schonhaltung über einen längeren Zeitraum eingenommen, kann dies zu Überbelastungen und/oder Fehlbelastungen von anderen Strukturen führen. Verspannungen und Durchblutungsstörungen sind daraus folgende weitere Schmerzauslöser.

Wie schon erwähnt, können Dehnübungen die Psyche positiv beeinflussen. Janshoff[11] et al. (2001) zeigten, dass die Effekte des Stretchings nicht nur auf den Bewegungsapparat beschränkt sind, sondern auch Herz und psychisches Befinden günstig beeinflussen. Der Zusammenhang zwischen Stretching und der Modulation des autonomen Nervensystems (ANS) lässt sich noch nicht eindeutig klären. Über nervale Regelkreise könnte es zu einer Aktivierung des Parasympathikus und/oder Dämpfung des Sympathikus kommen.

Zentralnervöse Prozesse könnten über die „Muskelentspannungssignale", die von den im Muskel gelegenen Spannungsrezeptoren ausgehen, auch andere

Stresssysteme beeinflussen. Der Organismus könnte die muskuläre Entspannung als ein „Entwarnungssignal“ deuten und andere Stresssysteme deaktivieren.

Ich stellte in meiner Diplomarbeit (Arefi[12], 2003) über „Die Auswirkungen des Dehnens auf das ANS“ fest, dass regelmäßiges Dehnen den sympathischen und den parasympathischen Tonus reguliert.
Ein optimales Zusammenwirken von Sympathikus und Parasympathikus ist notwendig, um den Anforderungen des täglichen Lebens gewachsen zu sein.
Ein dreiwöchiges, richtig ausgeführtes Stretchingprogramm führt sowohl bei ausdauertrainierten als auch bei sportlich inaktiven Personen zu einer Verbesserung der autonomen Balance. Wobei die sportlich inaktiven Personen sogar vier Wochen nach Beendigung des Dehnprogramms noch eindeutige positive Auswirkungen vorwiesen, welche die Ausdauertranierten nicht mehr hatten.

Die Studie zeigt, dass dem Dehnen eine wichtige Rolle auch außerhalb des Sportbereichs zukommt, da regelmäßig ausgeführte Dehnübungen einen großen Einfluss auf die Regulation des Autonomen Nervensystems haben.

Die Untersuchung von Sugano[13] (2000) zeigte, dass die Ängste von Rückenschmerzpatienten, sowie die Konzentration des Stresshormons Cortisol im Speichel durch ein 90-minütiges Stretching signifikant verringert wurden.
Vielen Menschen ist ein Ausdauertraining aufgrund ihrer Erkrankungen nicht zumutbar. Ein unter Aufsicht durchgeführtes Stretchingprogramm kann bei psychisch Kranken wesentlich zur Genesung beitragen. In der Rehabilitation von Herzinfarktpatienten ist eine Verbesserung der Herzfrequenzvariabilität unbedingt notwendig. Durch Stretching wird diese positiv beeinflusst. Bei älteren Personen kann Dehnen die Lebensqualität nachhaltig positiv beeinflussen.

5. WIE soll man dehnen?

Alle Strukturen unseres Körpers werden durch Bewegungen unter Druck oder Zug gebracht. Darauf reagieren sie je nach Funktion und Aufbau.
Dehnpositionen und Dehnmethoden müssen sehr sorgfältig gewählt werden, da verschiedene Ziele verschiedene Vorgaben in Bezug auf die Dehnausführung, aber auch auf den Dehnzeitpunkt (siehe Kap. 6) erfordern.

Bei der Ausführung der Dehnung ist zu beachten:

- Die Dehntechnik
- Die Dehnungsmethode
    - › Die Dehnintensität
    - › Die Dehndauer
    - › Die Dehnungswiederholung
    - › Der Dehnzeitpunkt
    - › Kontraindikationen für das Dehnen
- Der Dehnumfang
- Ort und Utensilien zum Dehnen
- Effektivität der Dehnungsmethoden

5.1. Die Dehntechnik

Die Dehntechniken werden in aktives und passives Dehnen unterteilt bzw. in Eigendehnung und Fremddehnung.

Beim aktiven Dehnen wird ein Muskel (Agonist) durch die Kontraktion seines Gegenspielers (Antagonist) gedehnt (siehe Seite 62). Alle übrigen Dehntechniken, die mit Hilfe der Schwerkraft, eines Partners oder eines Therapeuten passieren, werden den passiven Dehntechniken zugeordnet.
Schon 1973 kritisierte Harre[14] diese Einteilung, da seiner Meinung nach selbst beim passiven Dehnen eine aktive Komponente, nämlich die aktive Entspannungsfähigkeit der Antagonisten, notwendig ist.

Die Unterteilung der Dehntechniken in Eigendehnung und Fremddehnung halte ich für wesentlich sinnvoller.

Eine Untersuchung von Wydra und Glück[15] (2002) hat gezeigt, dass Eigendehnungen gegenüber Fremddehnungen eindeutig zu bevorzugen sind, da bei Eigendehnungen über die kinästhetische Rückmeldung eine direkte Möglichkeit zur Handlungsregulation gegeben ist. Diese Rückmeldung und eine eventuell notwendige Regulation sind bei Fremddehnung nicht möglich.

5.2. Die Dehnmethode

In der Literatur werden viele Dehnmethoden (Arten) nach verschiedenen Kriterien beschrieben. Ich bevorzuge die einfache Einteilung in statische und dynamische Dehnmethoden.

Statisches Dehnen	*Dehnposition (Endposition) einnehmen und halten* **• Lang = stretching** **• Kurz = Nervendehnung** **• PNF-Dehnen (Neurologisches Dehnen)**
Dynamisches Dehnen	*Ausholbewegungen werden durch leichtes Federn ständig erweitert, Endposition wird nicht gehalten*

Bei der Ausführung der Dehnungen ist großer Wert auf eine genaue Ausgangsstellung und Haltung während der Dehnung zu legen. Davon hängt es ab, ob bevorzugt das Nervensystem oder andere Strukturen unter Zug gebracht werden.

Statisches Dehnen

Statisches Dehnen lang („stretching“)

Synonyme: stretching, slow-stretching, isometric-stretching, controlled-tretching

Statisches Dehnen kann in Eigen- und Fremddehnung durchgeführt werden. Die Eigendehnung hat den großen Vorteil, dass Intensität und Dauer nach dem persönlichen Empfinden sehr gut zu kontrollieren sind.
Bei der Eigendehnung wird aus der Ausgangsstellung heraus der zu dehnende

Muskel langsam unter Zug gebracht und diese Position gehalten. Die Dauer der Dehnung wird in der Literatur sehr unterschiedlich angegeben. Jede Angabe sollte nur als Richtlinie gesehen werden. Vielmehr soll das persönliche Empfinden die Dauer bestimmen.

Beim Stretching soll der Zug ca. 45 Sekunden gehalten werden. Lässt aber die Spannung des Gewebes schon nach der Hälfte dieser Zeit nach, so kann die Dehnung noch millimeterweise verstärkt werden. Die Dehnung darf aber nicht schmerzen. Diese neue Position kann für weitere 20 - 30 Sekunden gehalten werden. Danach wird langsam wieder in die Ausgangsposition zurückgekehrt.
Die Zeitspanne von ca. 45 Sekunden ist besonders wichtig für das Bindegewebe, um den Creep-Effekt auszulösen. Dabei werden im Gewebe die *cross-links* der Kollagenfasern (Wasserstoff-Brückenbindungen, pathologische *cross-links*: Disulfidverbindungen und kovalente Bindungen) aufgelöst.

Glück[15] et al. haben 2002 festgestellt, dass man bei den ersten Dehnwiederholungen die größte Verbesserung in der Bewegungsreichweite und in der Herabsetzung der Dehnungsspannung erzielt. Nach ca. vier bis fünf Wiederholungen kommt es nur noch zu minimalen Zuwächsen.

Ich empfehle abwechselnd beide Seiten je dreimal zu dehnen. Durch den Seitenwechsel hat das Gewebe, auf welches gerade kein Zug ausgeübt wird, zusätzlich Zeit den vorangegangenen Reiz zu verarbeiten. Stretching kann auch mit der Unterstützung eines Partners oder eines Therapeuten in Form der Fremddehnung erfolgen. Diese Art der Fremddehnung ist laut Schnabel[16] et al. (1997) die bevorzugte Dehnmethode, wenn die Bewegungsreichweite (ROM, range of motion) aufgrund einer eingeschränkten Funktion des Bindegewebes wiederhergestellt werden soll.
Kontraindiziert ist statisches Dehnen bei:

- Muskelfaserrissen, Muskelzerrungen und Muskelentzündungen
- Entzündungen oder Zerrungen der Sehnen und des Bandapparates
- kurz vor einer Kraft- bzw. Schnelligkeitsleistung
- Muskelkater

Statisches Dehnen lang	*Dehnposition einnehmen und halten*
• Intensität • Dauer • Wiederholung • Zeitpunkt	*maximaler Zug (Dehnung) aber kein Schmerz* *45 Sekunden/subjektivem Empfingen* *3 mal abwechselnd jede Seite* ⊖ *nicht vor Schnell- und Sprungkraftleistungen* ⊕ *als eine eigene Trainingseinheit*

Statisches Dehnen „kurz“

Jeder auch noch so kurze auf den Körper ausgeübte Dehnreiz wird von diesem wahrgenommen und löst Effekte aus. Dehneffekte wirken nie allein, sondern immer im Gesamten.
Daraus kann abgeleitet werden, dass auch sehr kurz ausgeführtes statisches Dehnen zu Effekten führt. Laut P. Mc Nair[17] (2002) zeigen sogar Dehnungen unter 9 Sekunden eine Vergrößerung der Bewegungsamplitude.

Laut Freiwald[18] (2009) finden bei sehr kurzen Dehndauern eher neurophysiologische Anpassungen statt. Durch die maximale Streckung des Muskels werden die Rezeptoren beeinflusst. Bei allen Dehnungen wird unvermeidlich auch das Nervensystem mobilisiert, bewegt. Statisches Dehnen kurz wird in der Physiotherapie speziell um Nerven zu dehnen angewandt.
Um Verwirrung hinsichtlich der verwendeten Bezeichnung „Nervenmobilisieren“ zu vermeiden, trenne ich zwischen dem Begriff Nervendehnen und Nervengleiten (siehe Seite 90). Laut Butler[19] (1998) ist ein gesundes, bewegliches Nervensystem für die endgradige Beweglichkeit unbedingt notwendig, da ansonsten die nichtneuralen Strukturen nie ihre volle Dehnfähigkeit erbringen.
Kurze Nervendehnungen erhöhen die Sauerstoffzufuhr für das Aktionspotential und die Ernährung (Axoplasmatransportsystem) durch das Durchspülen der in den Nerven vorhandenen Blutgefäßen (intraneurales vaskuläres System). Zu stark und lang andauernde Dehnungen, wie auch Druck auf das Gewebe hingegen steigern den Druck im Nerv. Dadurch verschlechtert sich dessen Funktion und Ernährung.
Daher ist eine genaue Ausführung der Dehnung sehr wichtig. Diese Dehnmethode kann man auch in Eigen- bzw. Fremddehnung durchführen. Die Fremddehnung

wird, wenn notwendig, im Zuge einer Therapie vom Physiotherapeuten ausgeführt. Diese Übungen können als Eigendehnung zu Hause weiter fortgeführt werden.

Aus der Ausgangsposition heraus wird der zu dehnende Nerv nur kurz (ca. 2-4 Sekunden) vorsichtig gedehnt, bis, wie Butler sagt, der gewünschte Dehnungszug bzw. Dehnungsschmerz spürbar wird. Danach wird die Dehnung aufgelöst. Vorausgesetzt, dass das Symptom der Dehnung, der unangenehme Zug bzw. Schmerz, sofort abklingt, kann weiter gedehnt werden. Zehn Nervendehnungen pro Seite können mehrmals pro Tag durchgeführt werden. Diese Wiederholungen sollen nur bei Verbesserung der Symptomatik, d.h. wenn nach der Dehnung kein bzw. kaum ein Nervenzug spürbar bleibt, weiter gemacht werden.

Die Dehnübung soll beendet werden, wenn durch sie Kribbeln Sensibilitätsveränderungen und stärker werden oder der Nerv sogar zu schmerzen beginnt.

Statisches Dehnen kurz	*Dehnposition kurz einnehmen und halten*
• Intensität • Dauer • Wiederholung • Zeitpunkt	*bis ein Nervenzug bzw. Nervenschmerz spürbar wird* *2-4 Sekunden* *1 Serie zu 10 mal* − *nicht gleich nach dem Aufstehen** + *durchgänging den ganzen Tag*

*Der menschliche Organismus mit all seinen Funktionen durchläuft einen Tagesrhythmus (Chronobiologie). Auch seine Beweglichkeit scheint, von in der Früh bis in die Nachtstunden, zuzunehmen. Es gibt viele Erklärungen, warum man nicht gleich nach dem Aufstehen dehnen sollte.
Ein Erklärungsversuch ist, dass die Steigerung des Stoffwechsels im Körper zu Durchblutungs- und Temperatursteigerung führt. Bewegung und Temperatur führen zur Thixotropie (siehe Seite 22).
Laut Freiwald[20] (2009) kann eine Erklärung für die höhere Beweglichkeit auch in der im Tagesverlauf abnehmenden Bandscheibenhöhe, die zur tendenziellen Lockerung des Bandapparates und damit verbundenen Beweglichkeitssteigerung führt, liegen.

PNF-Dehnen(Neurologisches Dehnen)

PNF bedeutet Proprioceptive Neuromuskuläre Fazilitation. Damit ist das Zusammenspiel von Nerven und Muskeln durch verstärkte Stimulation der Propriozeptoren (Muskel- , Gelenk- und Sehnenrezeptoren) gemeint. Diese Rezeptoren leiten die Informationen über Lage und Bewegung des Körpers im Raum an das zentrale Nervensystem weiter, um Bewegungen zu fazilitieren (zu erleichtern).

Grund für die Entstehung dieser Variationen des PNF-Dehnens ist die Annahme, dass durch die Muskelkontraktion vor oder während des Dehnens eine Reduzierung bzw. Vermeidung von dehnungshemmenden Mechanismen bei ausgelösten Muskelreflexen erreicht wird.
Würden Dehnungen, die zu intensiv (schmerzhaft) und zu schnell ausgeübt werden, tatsächlich zur Auslösung von Muskelreflexen beitragen, dann ist die Dauer einer ausgelösten Hemmung (nur im Bereich von 500-800 Millisekunden anzusiedeln) immer noch zu kurz, um Einfluss auf die nachfolgend ausgeübte Dehnung zu haben (Gollhofer[21] et al. 1995).
Im Normallfall kommt dies weder in der Therapie bei einer Fremddehnung noch bei der Eigendehnung vor.
Ob die Reflextheorie mit ihren Hemmmechanismen nun tatsächlich so wirkt, wie in der Literatur immer wieder beschrieben wird, ist umstritten und sei dahingestellt.

Als Grund für die besseren Ergebnisse der PNF-Methoden werden die Zusatzaufgaben beim eigentlichen Dehnen angenommen. Diese lenken von der Dehnspannungstoleranz, dem maximal auszuhaltendenden Zug bzw. Schmerz bei einer Dehnung ab. Dadurch soll eine erhöhte Aufmerksamkeit und Koordination des Übenden durch aktives Mitmachen bewirkt werden.

Außerdem führen alle Dehnungen mit aktivem Muskeleinsatz zur Stoffwechselsteigerung, Durchblutung und Erwärmung der Muskulatur, die sich im erwärmten Zustand erwiesenermaßen besser dehnen lässt.
Auch diese PNF-Dehnmethode kann man in Eigen- bzw. Fremddehnung ausführen. Hierbei gelten die gleichen Argumente zur Kontraindikation der Dehnung, wie beim statischen Dehnen.
Die wichtigsten zwei Vertreter der PNF-Dehnmethode sind das CR-stretching und das AC-stretching. Zu erwähnen ist, dass es auch eine Kombination beider Dehnmethoden gibt, das CRAC-stretching.

Contract Relax Stretching
(CR-stretching, Anspannungs-Entspannungs Dehnen)

Synonyme: contract hold relax stretching, postisometrische Relaxation

Diese postisometrische Dehnmethode ist eigentlich eine Variante des statischen Dehnens, wobei eine isometrische Muskelanspannung (Anspannung ohne Bewegung) vorgeschaltet wird. Nach Einnehmen der Ausgangsstellung wird der zu dehnende Muskel isometrisch für 6-8 Sekunden in submaximaler Intensität kontrahiert. Es folgt eine Entspannungspause von 2-3 Sekunden ohne Veränderung der Haltung. Anschließend wird statisch für 15-20 Sekunden gedehnt, wobei eher das subjektive Empfinden die Dehndauer bestimmt. Die jeweils nächste Anspannung erfolgt aus der vorigen Dehnstellung. Die Dehnung wird dreimal wiederholt.
Durch die isometrische Vorkontraktion kommt es laut Freiwald[22] (2009) zu einer Durchblutungssteigerung und Kräftigung der folgend gedehnten Muskulatur und einer höher gerichteten Aufmerksamkeit auf die zu dehnende Muskulatur.

PNF-Dehnen CR-stretching	*Dehnposition einnehmen, Muskel anspannen, locker lassen, dehnen*
• Intensität	*submaximale Anspannung* *maximaler Dehnzug ohne Schmerz*
• Dauer	*6-8 Sekunden Kontratkion/2-3 Sekunden Pause* *Dehnen für 15-20 Sekunden/subjektives Empfinden*
• Wiederholung	*3 Serien*
• Zeitpunkt	*als eine eigene Trainingseinheit*

Antagonist-Contract stretching
(AC-stretching)

Eine Variation zum AC-stretching ist das Aktiv isolierte stretching (AI-stretching) mit Unterschiede in der Anspannungs- und Dehndauer.

- AI-stretching ist die von den Physiotherapeuten Jim und Phil Warton stammende Dehnmethode aus den USA.
  Nach Einnehmen der Dehnstellung wird die Dehnung nur ca. zwei

Sekunden gehalten, während die entgegengesetzte (antagonistische) Muskulatur submaximal angespannt wird. Danach entspannt man wieder in der Ausgangsstellung für ca. zwei Sekunden und wiederholt den Dehnvorgang 8-12 mal.

- AC-stretching unterscheidet sich vom Al-stretching nur durch eine längere, ca. 20 Sekunden andauernde Kontraktions- und Dehnzeit der Muskulatur. Hierbei wird der Hauptmuskel (Agonist) gedehnt während der Gegenspieler (Antagonist) mit submaximaler Kontraktion angespannt wird. Eine weitere Variation bei der Ausführung ist, dass sobald der Zug nachlässt, für weitere 20 Sekunden nachgedehnt werden kann. Der Vorgang wird dreimal wiederholt. Auch hierbei ist die Angabe der Dehnzeit nur als Richtwert zu sehen.

PNF-Dehnen Al-stretching AC-stretching	*Dehnposition einnehmen, Antagonist anspannen, gleichzeitig Agonist dehnen*
• Intensität	*submaximale Anspannung* *mit maximalem Dehnzug ohne Schmerz*
• Dauer Al	*2 Sekunden anspannen und dehnen gleichzeitig*
• Dauer AC	*20 Sekunden anspannen und dehnen gleichzeitig*
• Wiederholung Al	*1 Serie 8-12 mal*
• Wiederholung AC	*3 Serien*
• Zeitpunkt	*als eigene Trainingseinheit*

Dynamisches Dehnen

Synonyme: fast-stretching, kinetic-stretching, dynamic-stretching, ballistic-stretching, rebound-stretching

Die Methode wurde nach dem ursprünglichen Charakter des Federns bzw. rhythmischen Wippens benannt. Sie hat nichts mit dem Klischee der Zerrgymnastik zu tun. Dynamisches Dehnen führt, auch wenn das früher immer wieder behauptet wurde, zu keinen Verletzungen. Die beim Dehnen registrierten Dehnungsspannungen liegen laut Wydra[23] et al. (1999) in der gleichen Größenordnung wie beim statischen Dehnen. Es werden laut Freiwalds[24] (2009) Untersuchungen auch keine Dehnungsreflexe ausgelöst, die das dynamische Dehnen verhindern könnten.

Bei dieser Dehnung wird die endgradige Dehnposition nicht gehalten, sondern aus der Ausgangsstellung heraus 10-15 mal durch rhythmisches Federn erweitert. Mit langsam steigender Intensität tastet man sich an das Bewegungsende heran. Die Dehnung darf nicht ruckartig oder schmerzhaft durchgeführt werden und soll in 3 Serien wiederholt werden. Die Frequenz und das Bewegungsausmaß können variiert werden. Anfangs empfehle ich eine eher niedrigere Dehnfrequenz mit kleinerem Bewegungsausmaß.
Dynamisches Dehnen eignet sich sehr gut für die Aufwärmphase kurz vor Beginn körperlicher Belastungen. Daher finde ich die Bezeichnung „Dehnen" verwirrend. Besser wäre die Bezeichnung Mobilisieren der Muskulatur mit seinen umgebenden Strukturen.

Vorteile sind inter- und intramuskuläre Koordination, Durchblutungssteigerung und die damit verbundene Wärme- und Stoffwechselsteigerung. Dynamisch kann sowohl eigen als auch fremd gedehnt werden. Das Verletzungsrisiko ist bei adäquater Ausführung minimal. Daher kann zu jeder Zeit gedehnt werden.

Dynamisches Dehnen	*Ausholbewegungen werden durch leichtes Federn ständig erweitert, Endposition wird nichtgehalten*
• Intensität • Dauer • Wiederholung • Zeitpunkt	*langsam steigender Intensität ohne Schmerz* *10-15 mal* *3 Serien, abwechselnd je Seite* *immer möglich, besonders gut im Aufwärmprogramm einzubauen*

5.3. Der Dehnumfang
Kurzzeitdehnen : Langzeitdehnen

Dehnen ist wie das Training ein gesetzter Reiz. Erst wenn dieser regelmäßig gesetzt wird, kann es zu strukturellen Anpassungen, zu einer Adaptation kommen. Ohne regelmäßiges Dehnen verschwinden Dehneffekte nach einer gewissen Zeit.

Laut Wiemann[25] (1994) haben Kurz- und Langzeitdehnen unterschiedliche Auswirkungen.

- Ein 10-20 minütiges Dehnprogramm einiger Muskelgruppen wird als Kurzzeitdehnen bezeichnet. Dieses bewirkt Immediateffekte, die man direkt nach der Dehneinheit feststellen kann. *Sie klingen nach einigen Minuten bis maximal einer Stunde nach der Dehnung wieder ab.*

- Tägliche oder zumindest alle 3 Tage und über mehrere Wochen durchgeführte Trainingsdehneinheiten werden als Langzeitdehnen bezeichnet und führen zu langfristigen Anpassungen, *die über Wochen bis Monate, bzw. solange regelmäßig weiter gedehnt wird, Bestand haben.*

5.4. Ort und Utensilien zum Dehnen

Die Bekleidung spielt beim Dehnen eine wichtige Rolle, diese sollte bequem und nicht beengend sein.
Die Utensilien für die Ausführung eines Dehnprogramms sind eine Bodenmatte, ein Handtuch oder ein Theraband und ein kleiner Polster. Ich empfehle dazu keinen zu weichen Untergrund, wie etwa eine Matratze, da diese beim Dehnen nachgibt. Dadurch können sich Fehlhaltungen, speziell in der Wirbelsäule einschleichen.

Man kann im Freien wie auch in geschlossenen Räumen dehnen. Prinzipiell ist nur wichtig, dass man sich dabei wohlfühlt. Der Ort sollte ruhig und klimatisch angenehm sein. Angenehme Hintergrundmusik fördert die Entspannung und das in sich Gehen während der Übungen.

5.5. Die Effektivität der Dehnungsmethoden

Laut Wydra[26] et al. (1991) ist dynamisches Dehnen in Hinblick auf die Verbesserung der Bewegungsreichweite zumindest gleich effektiv, wie das Stretching (statischen Dehnen lang). So kommt es nach vielen Jahren zu einer Rehabilitierung des dynamischen Dehnens, das wegen der angeblich höheren Verletzungsgefahr verpönt war.

Es gibt keine vollständige wissenschaftliche Vergleichsstudie aller Dehnmethoden. Nach vielen Untersuchungen, die nicht vollständig alle Dehnmethoden miteinander, sondern meist getrennt voneinander, verglichen haben, gibt es für mich bisher keine gravierenden Unterschiede in der Effektivität einzelner Dehnmethoden.

Daher ist die Frage der Effektivität der Dehnmethoden irrelevant.
Wichtig ist allein die Frage welche Struktur man dehnen will und welche Dehnmethode die dafür Geeignetste ist.

6. WANN soll man dehnen?

Das Timing der Dehnung ist für einen optimalen Trainingserfolg genauso wichtig, wie die abgestimmten Trainingseinheiten eines Trainingsplanes. Ein falsch ausgewählter Dehnzeitpunkt beim statischen Dehnen, kann nachgewiesenermaßen Sprint- und Schnellkraftleistungen senken. Eine inadäquate Dehnmethode und eine falsche Dehnausführung erhöhen zudem das Verletzungsrisiko.

Die Frage „Wann soll ich Dehnen" hängt vom Ziel der Dehnung, dem zu dehnenden Gewebe und somit auch vom „Wie" (siehe Kapitel 5) ab.

Für die jeweiligen Dehnmethoden gilt:

- ***Dynamisches Dehnen:***
  Ziel ist es, die Durchblutung und den Stoffwechsel der Muskulatur samt umgebender Strukturen (Sehnen, Bänder, Faszien) zu steigern. Dynamisches Dehnen empfiehlt sich besonders in der Aufwärmphase vor einem Wettkampf oder vor und sogar während eines Trainings (z.B. Fußballtraining).

- ***Statisches Dehnen Lang & PNF-Dehnen:***
  Will man schnellst möglich strukturelle Bewegungseinschränkungen lösen, um die Beweglichkeit zu steigern, müssen regelmäßige Stretchingeinheiten über einen längeren Zeitraum und nicht nur bis zur wiedererlangten Bewegungsfreiheit auf dem Trainingsplan stehen (Langzeiteffekte). Optimal wäre es, dieses Stretching in gesonderten Trainingseinheiten und keinesfalls gleich nach der Sportausübung durchzuführen.

- ***Statisches Dehnen kurz (Nervendehnen):***
  Das Dehnen des Nervensystems dient der Wiederherstellung der Gleitfähigkeit der peripheren Nerven zu ihrer Umgebung sowie deren Stoffwechselsteigerung. Auch diese Dehnmethode sollte, wie das statische Dehnen lang, in einer gesonderten Trainingseinheit durchgeführt werden.

6.1. Vor dem Sport

Eine weit verbreitete Irrmeinung und daraus resultierende Motivation zu Dehnen ist, dass Dehnen vor Sportausübung als Verletzungsprophylaxe vor Muskelkater und Zerrungen, global muskulären Verletzungen, dient.
Wie schon in der Einleitung erwähnt, hält die australische Studie von Herbert und Gabriel hingegen Dehnen, sowohl vor, als auch nach einer sportlichen Betätigung für reine Zeitverschwendung, da dadurch weder das Verletzungsrisiko, noch Muskelschmerzen verringert würden.

Beide Anschauungen sind diskussionswürdig.

Eine Verletzungsprophylaxe ist von vielen Faktoren abhängig und somit kein Immediateffekt des Dehnens. Eine einzelne Dehneinheit ist somit in dieser Beziehung als wirkungslos zu bezeichnen. Erst eine langfristige regelmäßige Anwendung des Dehnens im Trainingsprogramm führt zur größeren Wahrscheinlichkeit geringerer Verletzungen der Gewebe. Die Qualität (die Elastizität) der Gewebe verbessert sich und kann größeren Belastungen standhalten.
Dehnen vor dem Sport schützt somit nicht vor Muskelkater (siehe Seite 60).

Meine Interpretation der australischen Studie geht dahin, dass Dehnungen meist aus Mangel an entsprechenden Kenntnissen viel zu intensiv, zum falschen Zeitpunkt und mit falschen Dehnmethoden ausgeführt werden. Dies würde die Aussage, nicht zu dehnen um Verletzungen zu verhindern, verständlich machen.

Im Bereich des Leistungssports wird Dehnen vor sportlicher Betätigung sehr individuell gehandhabt.
Disziplinen, deren Leistungserbringung von überdurchschnittlicher Dehnfähigkeit abhängt (Hürdenlauf, Kunstturnen, rhythmische Gymnastik etc.), erfordern sportspezifisches Dehnen in der Aufwärmphase sagen Wiemann und Klee[27] (2000). Hingegen ist bei Sportarten, die einen starken Muskeltonus erfordern (Mountainbiken, Laufen etc.), statisches Dehnen vor dem Start in der Aufwärmphase kontraproduktiv.

Meiner Meinung nach muss bei der Ausführung des Dehnens vor Beginn einer sportlichen Leistung sowohl auf die Anforderungen der Sportart Rücksicht genommen werden, als auch auf die Tatsache, ob Sport als Gesundheitssport oder Leistungssport ausgeübt wird.
Beobachtet man Profisportler in Speed- oder Kraftdisziplinen, sehen wir sie in

der Aufwärmphase Mobilisierungen (Dynamisches Dehnen) und Faszientraining ausüben. Damit werden ihre Muskulatur, Faszien, Sehnen und Ligamenta, also ihr gesamter Bewegungsapparat „aktiviert". Die positiven Folgen sind Durchblutungssteigerung, Stoffwechselsteigerung und Temperatursteigerung in allen Geweben, Flexibilitätssteigerung der Faszien und Erhöhung des Muskeltonus.

Sportdisziplinen, die eine größtmögliche Bewegungsreichweite erfordern, wie z.B. die rhythmische Sportgymnastik, benötigen maximale Gelenkigkeit und Dehnfähigkeit der Strukturen. Leistungssportler führen deshalb beim Aufwärmen statische Dehnübungen (kürzer als üblich) mit endgradigen Gelenksmobilisierungen aus.

Dehnen oder Nichtdehnen, Dehnmethode, Zeit und Intensität sind für Profisportler sehr individuell. Jahrelange Anforderungen an Strukturen und Gewebe haben zu Adaptationen geführt. Die Sensibilisierung ihres Körpergefühls erlaubt zusätzlich eine ganz andere Anwendung und Ausführung der Dehnungen.

Daher ist für Hobbysportler das Kopieren des Dehnverhaltens von Profisportlern nicht empfehlenswert und steigert sogar das Verletzungsrisiko.
Natürlich ist auch für Hobbysportler das Körpergefühl beim Dehnen, speziell für die richtige Wahl der Dehnintensität und Dauer, sehr wichtig. Aber durch einfache Ausführungsrichtlinien (Zeitpunkt, Intensität und Methode) des Dehnens kann Kontraproduktivität im Vorfeld verhindert werden.

Essentiell und nachvollziehbar für alle jedoch ist, dass vor sportlicher Betätigung und intensiver körperlicher Arbeit aufgewärmt werden muss. Das senkt das Verletzungsrisiko (siehe Seite 70).

Dynamisches Dehnen eignet sich besonders für die Aufwärmphase. Statisches Dehnen lehne ich jedoch aus Gründen des Verletzungsrisikos in dieser Phase ab.

Die Studien von Henning[28] et al. (1994) und Kokkonen[29] et al. (1998) zeigen, dass Schnellkraft- und Sprungleistungen unmittelbar nach statischem Dehnen schlechter sind.

Statisches Dehnen reduziert die Fähigkeit des Muskels Kräfte zu absorbieren, da der Muskeltonus kurzfristig herabgesetzt wird und es sogar zu Mikroverletzungen der Muskelfasern kommen kann. Statisches Dehnen erhöht, direkt vor einem Wettkampf angewendet, die Verletzungsanfälligkeit und trägt nicht zur direkten Leistungssteigerung bei (Kokonnen[29] et al. 1998).

6.2. Während des Sports

Bei Beobachtung von Trainingsmethoden von Fußballvereinen stellte ich fest, dass nach kurzer Aufwärmphase statische Dehnungsübungen durchgeführt werden. Auch im Präsenzdienst wurde das Lauftraining nach kurzer Zeit unterbrochen, um statisch zu Dehnen.
In beiden Fällen ist das Dehnprogramm eine willkommene Verschnaufpause. Ich halte diese Vorgehensweise für fragwürdig und nicht empfehlenswert, da der soeben erst gut aufgewärmte Körper im richtigen Pulsbereich des Trainings läuft. Die durch das Aufwärmen erzielte höhere Dehnungstoleranz ermöglicht intensiveres Dehnen und damit die Verletzungsgefahr von Muskelfasermikrotraumen, Zerrungen usw. Auch ist die Erkältungsgefahr bei bloßem Herumstehen zu groß. Zusätzlich durch das statische Dehnen erworbene Muskeltonussenkung ist für das weitere Training kontraproduktiv, da dafür volle Muskelleistung notwendig wäre.

Meine Empfehlung ist während des Trainings nicht zu dehnen, wenn überhaupt, dann nur dynamisch.

6.3. Nach dem Sport

Nach intensiver körperlicher Belastung ist der Muskeltonus erhöht, deshalb sollte nicht sofort gedehnt werden. Dehnt man in dieser Phase zu intensiv, werden eventuell entstandene Muskelmikrotraumen verstärkt und andererseits die Regeneration verzögert. Die Gefäße der Muskulatur sind nach dem Sport mit dem Rücktransport der Schadstoffe, Laktat und dem sauerstoffarmen Blut, zur Leber und Lunge beschäftigt. Durch das Dehnen verkleinert sich ihr Querschnitt. Eine Erklärung für diese Verkleinerung des Querschnitts könnte im Druckaufbau des Muskelgewebes liegen, der durch die gedehnten Faszien auf das Muskelgewebe ausgeübt wird.
Daher ist mein Tipp: Keinesfalls unmittelbar nach Sportausübung dehnen! Wann nach dem Sport gedehnt werden soll, hängt einerseits von der Ermüdung der Muskulatur und andererseits von der verstrichenen Zeit seit Trainingsende ab.

Der Körper benötigt ca. 30 min. für die Normalisierung seines Laktatspiegels im Blut.

War das vorangegangene Training nicht intensiv, also eher eine aktive Regenerationseinheit, würde ich trotzdem erst nach einer Latenzzeit von ca. einer Stunde, wie auch Freiwald empfiehlt, Dehnübungen gutheißen. Für Leistungssportler ist das Einhalten dieser Zeit ein enorm wichtiger Faktor für die schnellere und bessere Regeneration.

Die Wichtigkeit der Regeneration (siehe Seite 68) ist heute unbestritten.
Natürlich gehören dazu auch die richtige Ernährung und die sofortige Zufuhr von verlorenen Elektrolyten, sowie Ersatz der verbrauchten Kalorien in richtiger Zusammensetzung.
Massage und Saunabesuch gleich nach sportlicher Betätigung sind kontraproduktiv (siehe Seite 61).

6.4. Gesonderte Dehneinheit

Heutzutage wird der Trainingsplan eines Sportlers täglich auf seine aktuelle körperliche Leistungsfähigkeit und sein Wohlbefinden abgestimmt.
Man sollte daher auch das Dehnen fix in sein Trainingsprogramm einbauen. Mein Augenmerk liegt dabei auf dem „statischen Dehnen".
Um dabei nicht leistungsmindernd oder strukturschädigend zu wirken empfiehlt sich eine gesonderte Dehneinheit.
Statisch sollte dreimal die Woche, jeden zweiten Tag gedehnt werden.

Dies sollte nicht unmittelbar nach dem Aufstehen geschehen, da zu dieser Zeit der Kreislauf noch nicht in Schwung ist, das Gewebe und die Gelenke eher noch steif und „kalt" sind.
Die Dehn- und Belastungsfähigkeiten des Gewebes sind in diesem Zustand schlechter als im aufgewärmten Zustand.

Mobilisierungsübungen oder dynamisches Dehnen sind morgens möglich, statisches Dehnen sollte erst später im Tagesverlauf durchgeführt werden. Eine gesonderte statische Dehneinheit abends kann sich entspannend auf Körper und Psyche auswirken und so eventuell bestehende Einschlafprobleme vermindern.

7. Dehneffekte

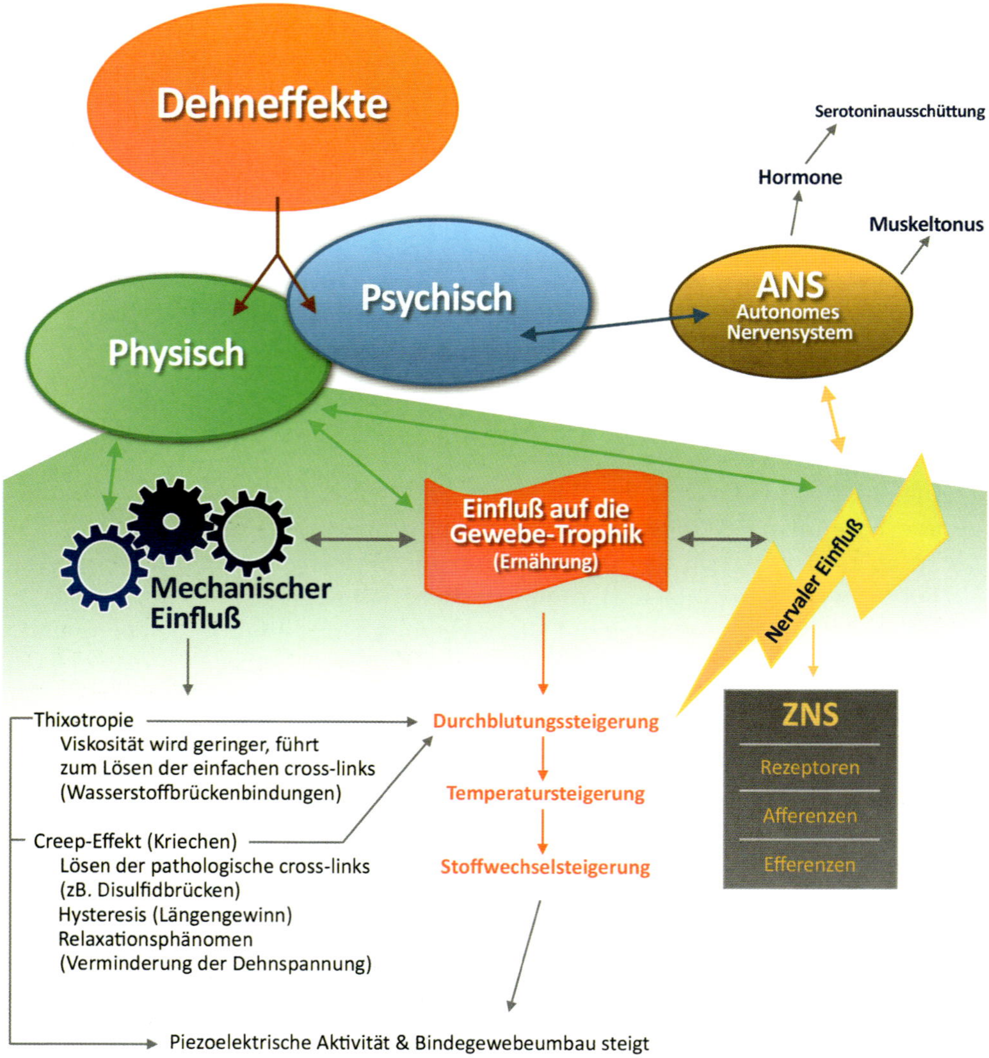

8. Wissenswertes

In diesem Kapitel werden einige Fragen und Themen behandelt, die ich im Zusammenhang mit dem Thema Dehnen für interessant halte.

8.1. Tractus iliotibialis

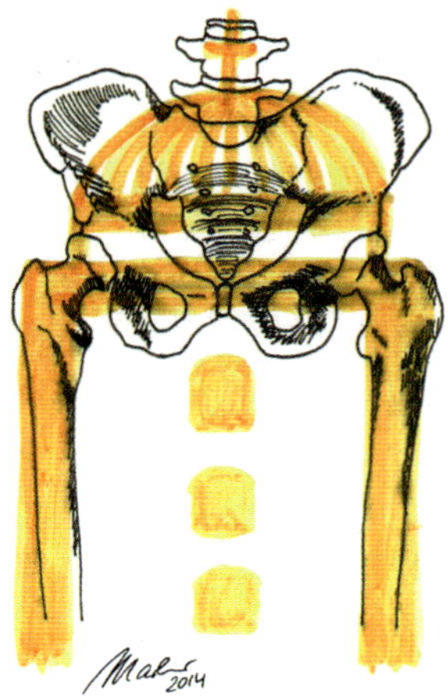

Unser Becken ist der zentrale Bereich für die einwirkenden auf- und absteigenden Statikkräfte unseres Körpers während des aufrechten Stehens und Gehens.
Der Beckengürtel fungiert hierbei als großer Stoßdämpfer zwischen Rumpf und unterer Extremität. Vereinfacht vergleiche ich die statische Beziehung des tractus iliotibialis (siehe Seite 123) zu unserer Hüfte mit der Statik eines Gebäudes und seiner großen weit darüber gespannten Kuppel. Die Kräfte werden über die äußeren Wände (unserer Beine) getragen und über die Fundamente (unsere Füße) auf den Boden weitergeleitet. Die Hauptbelastung tragen die Wände und in unserem Fall der Tractus.
Wenn die Tragkraft der Kuppel nicht gewährleistet ist, sprich die stabilisierenden Muskeln unseres Beckens nicht stark genug sind, wird mehr Haltearbeit der Wände nötig.
Daher ist der Tractus, je nach Belastung, immer wieder verspannt. Jegliche Massagen und Friktionen spannen und schmerzen am Tractus immer wieder. Diese Verspannungen können unbehandelt zu Fehlbelastungen und Fehlstellungen der Knie und weiters zu Hüft-, Kreuz- oder und Halswirbelsäulenschmerzen führen.
Daher ist das regelmäßige Dehnen des Tractus notwendig. Ich kenne keine Dehnung, die den Tractus erreicht und ausreichend dehnt, ohne das Hüftgelenk zu belasten. Meist kommen nur Profisportler in den regelmäßigen Genuss einer therapeutischen Behandlung und Massagen, um Verklebungen und Verspannungen am Tractus zu lösen.
Eine Möglichkeit für die Eigendehnung des Tractus ist die momentan sehr populäre „Faszien-Rolle“. Die Anleitung dazu finden Sie auf der Seite 94 .

8.2. Muskelkater

Muskelkater im Englischen: muscle soreness, muscle stiffness, aching muscle, muscle hangover.

Die Irrmeinung, dass Dehnen vor sportlicher Betätigung den Muskelkater verhindert, wird leider immer noch von vielen geglaubt.

Zu intensive, schlecht koordinierte, exzentrische Belastungen können zur Mikroruptur der Myofibrillen und der bindegewebigen Strukturen in und um die Muskelzellen (Ruptur der Muskelzellmembranen und Muskelkapillaren) führen. Damit verbunden ist signifikanter Kraftverlust. Meist passiert dies beim Wiedereinstieg in den Sport nach einer längeren Pause, bei Ausübung einer neuen ungewohnten Sportart oder bei Überlastung bzw. zu einseitiger Belastung bei der Arbeit. Nach Cheung[30] et al. (2003) wird ein Muskelkater durch 5 schrittweise fortlaufende Prozesse ausgelöst. Diese sind die Mikroruptur der Myofibrillen, der Muskelkrampf, die Entzündung, die Bindegewebsschädigung und der Enzymausfluß.

Durch diese Mikrorupturen (kleine Risse) reagiert der Körper mit einer Wundheilungsreaktion und es kommt innerhalb von 24-36 h zu einer Schwellung (Ödembildung) in der Muskelfaser. Diese wiederum führt zu einer schlechten Durchblutung des Gewebes. Der wahrgenommene Schmerz bei Bewegung und Dehnung ist der Muskelkater. Er tritt meist verzögert, 1-2 Tage nach der Überlastung auf und vergeht nach ca. 3-4 Tagen (Böning[31] 1988).

Freiwald[32] (2009) erklärt den verzögert auftretenden Schmerz bei einem Muskelkater wie folgt: Zuerst erfolgt die Schädigung innerhalb der Muskelfaser. Da die Schmerzrezeptoren nur außerhalb der Muskelzelle liegen, spürt der Sportler direkt nach der Belastung keinen Schmerz. Dieser kommt erst durch die Druckerhöhung innerhalb der Muskulatur ausgelöste Schwellung, Entzündung und Mangeldurchblutung.

Die erste Stufe des Muskelkaters ist Überlastung und Müdigkeit.

Nach den letzten Forschungsergebnissen der Universität Aalborg in Dänemark wird der Muskelkater sogar mit Verletzungen und Einrissen der, die Muskulatur umgebenden Faszien erklärt (Gibson[33] et al. 2009).

Da sich in den Faszien eine hohe Anzahl von Schmerzrezeptoren befinden erklären sich auch die mit dem Kater einhergehenden Schmerzen.

Laut Wiemann[34] et al. (1995) kann man bereits durch zu intensives statisches Dehnen einen Muskelkater erzeugen und ein vorhandener Muskelkater wird dadurch sogar noch verstärkt. Tatsächlich erzeugten schon 1993 Smith[35] et al. allein durch intensives Dehnungstraining Muskelkater.

Was tun bei Muskelkater ?

Ein spürbar leichter Muskelkater sollte durch leichtes Kreislauftraining, wie lockeres Radfahren, Spazieren gehen, leichtes Nordic walking oder Ausschwimmen, bekämpft werden. Dies führt zur verstärkten Durchblutung des Muskelgewebes, wodurch der Körper die entstandenen Schadstoffe und Ödeme schneller abbaut. Mit intensiveren Trainingseinheiten sollte erst wieder begonnen werden, wenn der Muskelkater verschwunden ist.

Massagen nach dem Zieleinlauf wirken sich nicht wie bisher gedacht positiv aus, sondern haben sogar den gegenteiligen Effekt. Es ist ein Mythos, dass durch das Massieren sofort nach dem Sport, die Durchblutung gesteigert wird und die Beseitigung des Laktats und anderer Stoffwechselabfallprodukte unterstützt wird. Wiltshire[36] et al. (2010) stellten fest, dass die Muskeldurchblutung und der Laktatdurchfluß durch sofortige Massage nach einem Wettkampf geringer wird als bei nichtmassierten Probanden. Dazu kommt, dass Massagen nach einem Wettkampf oder hartem Training die Mikrotraumen in den Muskelfasern verstärken.

Auch *Saunagänge* direkt nach dem Sport werden sehr kontrovers diskutiert. Durch die oberflächliche Wärmebehandlung steigt die Durchblutung der Peripherie, die Muskeldurchblutung hingegen leidet darunter.
Ich empfehle nach einem Wettkampf eher Kaltwassersprudelbäder oder das Wassertreten wie beim Kneippen. Durch das Kaltwasser kommt es anfangs zur Kontraktion der Gefäße danach jedoch zur reaktiven Hyperämie (Mehrdurchblutung), zur Muskeldetonisierung und zusätzlich zur wohltuenden Wirkung der Kühlung.

Eine im American Journal of Physical Medicine & Rehabilitation veröffentlichte Studie von Schillinger[37] et al. (2006) über den Einfluss der Lymphdrainage auf die Muskelregeneration nach Laufbandlaufen, weist auf eine schnellere Verminderung des Muskelenzymlevels hin. Dies bedeutet eine verbesserte Regeneration struktureller Muskelschäden.

8.3. Muskuläre Dysbalancen

Wechselseitig ausgeprägte stärkere Muskelkraft oder ein größerer Muskelumfang, wie dies beim Arm eines Tennisspielers extrem vorhanden ist, hat nichts mit muskulärer Dysbalance zu tun. Hier handelt es sich um eine sportartspezifische Anpassung (Adaptation).

Funktionsstörungen im Bewegungsapparat führen zu Störungen des Bewegungsablaufes und diese wiederum zu Veränderungen des Gewebes. „Die Funktion bestimmt die Form der Struktur".
Die bei einer muskulären Dysbalance auftretende Kraftminderung ergibt sich aus dem muskulären Ungleichgewicht des Agonisten zu seinem Antagonisten.

Kurze Erklärung der Begriffe:
Agonist ist der Hauptmuskel, der während eines bestimmten Bewegungsablaufes fast oder ganz alleine für die Bewegung einer Extremität im Gelenk verantwortlich ist. Der Synergist (Hilfsmuskel) unterstützt die Bewegung des Hauptmuskels. Der Antagonist führt mit der Extremität, in diesem besagten Gelenk, die entgegengesetzte Bewegung aus und wird dementsprechend während der Bewegung seines Agonisten gedehnt.
Beispiel: Der Bicepsmuskel ist der Agonist mit der Hauptaufgabe im Ellbogengelenk zu beugen. Der Brachioradialismuskel ist sein Synergist und hilft dabei mit. Sein Antagonist ist der Tricepsmuskel, der das Ellbogengelenk streckt.

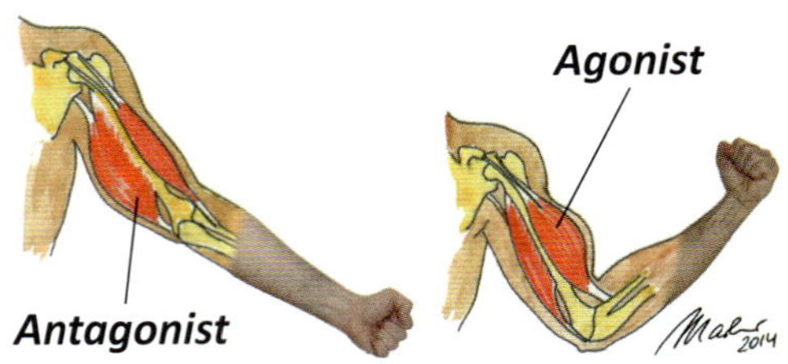

Die Agonisten-Antagonisten Theorie besagt, dass der Antagonist, z.B. Triceps, gegenüber seinem Agonisten dem Biceps, nicht weniger als 30% (Richtwert, für jedes Gelenk spezifisch) schwächer sein darf, damit eine Balance der Kräfte zwischen beiden Muskeln gegeben ist. Ist dies nicht der Fall, dann kommt es zu einer muskulären Dysbalance (Ungleichgewicht) wodurch Gelenke nicht mehr optimal zentriert sind und dadurch nicht optimal arbeiten können. Dies führt mit der Zeit zur Schonhaltung, Muskelverspannungen und Schmerzen bei Bewegungen. Letztendlich sind Arthrosen, Knorpelschäden und Abnützungen verschiedener anderer Strukturen die Folge.

Wird ein Gelenksystem durch eine Blockierung oder Verletzung gestört, versucht die Muskulatur das Gelenk vor weiteren Überlastungen zu schützen. Dies kann durch einer Erhöhung oder Verringerung des Muskeltonus erfolgen. Freiwald und Engelhardt[38] (1996) benutzten für diese Reaktion den Begriff Arthroneuromuskuläre Dysbalance. Sie meinen, dass man neuromuskulär bedingte Einschränkungen mittels Dehnungen nicht beeinflussen kann. Genau gegenteilig würden dadurch die gelenksschützenden Mechanismen negativ beeinflusst. Muskuläre Dysbalancen die durch sportartspezifische Anpassungen der Muskulatur des Sportlers oder durch Schonhaltungen usw. entstehen, können mit Dehnen allein nicht korrigiert werden. Hier erweist sich ein Krafttraining der Antagonisten als zweckmäßiger (Wiemann[39] et al. 1998). Als optimale Kombination hat sich das Dehnen der zu starken mit gleichzeitiger Stärkung der zu schwachen Muskulatur erwiesen.

8.4. Logen- oder Kompartmentsyndrome

Die zu schnelle Hypertrophie eines Muskels kann zu einer relativen Verkürzung seiner Faszie führen, da sie langsamer adaptiert. Dadurch wird Druck auf das Muskelgewebe in der Faszie ausgeübt. Dieser wiederum bewirkt, Durchblutungs- und Stoffwechselstörungen der Nerven und Muskeln und des Bindegewebes. Folge davon sind Bewegungseinschränkungen des Muskels in seiner Funktion.
Muskeln sind nicht nur von einer Faszie umgeben, sondern auch in all unseren Extremitäten in Faszienlogen (Räume) rund um die Knochen verpackt. Deutlich sichtbar ist diese Logenenge für die Muskeln im Unterschenkelbereich, daher kommt es auch hier am häufigsten zu Logen- bzw. Kompartmentsyndromen.

Querschnitt durch das mittlere Drittel des Unterschenkels

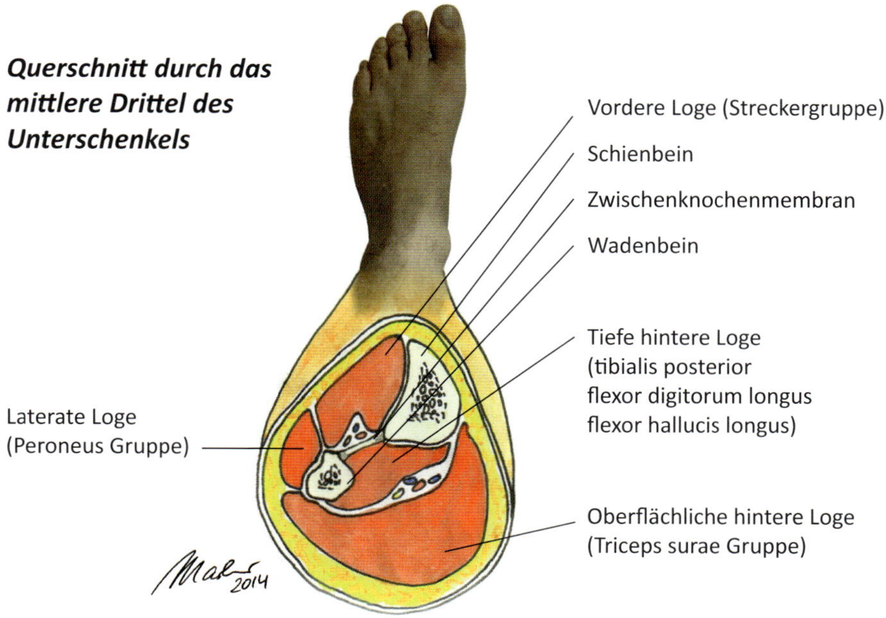

Zu finden sind diese speziell bei Ausdauersportlern, auch Hobbysportlern und Sportwiedereinsteigern, falls übertrainiert wird oder der Trainingsumfang zu schnell gesteigert wird. Ohne adäquate Behandlung (Arztkonsultation, sportliche Pause, Physiotherapie und Dehnen) führen diese Beschwerden zu Muskelgewebeschädigungen.

Kompressionsbekleidung

Die Kompressionswäsche mit ihren angepriesenen positiven Effekten auf das Gewebe ist in den letzten Jahren zu einem sehr aktuellen Thema geworden. Dabei gibt es Unterwäsche, Strümpfe, Shirts und sogar Hosen. Die Werbung verspricht durch die Benutzung dieser einen reduzierten Muskelkater, verkürzte Regenerationszeit der Muskulatur nach dem Sport, eine Verminderung der Blutlaktatwerte, verminderten Sauerstoffbedarf, verbesserte periphere Durchblutung, einen erhöhten venösen und lymphatischen Rückstrom, eine Verminderung von Muskelvibrationen und eine Verminderung von Muskelschwellungen. Letztendlich läuft alles auf erhöhte sportliche Leistungsfähigkeit hinaus.

Sperlich[40] et al. (2009) hat nach seinen Untersuchungen mit Kompressionsstrümpfen, Kompressionshosen und Ganzkörperkompressionsbekleidung keine vor- oder nachteiligen leistungssteigernden Effekte dieser Textilien nachweisen können. Er untersuchte unabhängig von der Kompressionsfläche der Kleidung die O2 Aufnahme, die Herzfrequenz, die Laktatkonzentration, die O2-Sättigung und den pH Wert bezogen auf die Zeit bis zur Erschöpfung.

Hingegen haben Davies[41] (2009), wie auch Kraemer[42] (2010), eine signifikante Reduzierung von Muskelzellschädigung (durch Messung der Kreatinkinase-Werte) durch das Tragen eines Ganzkörperkompressionsanzuges nach intensivem Krafttraining bzw. Sprungserien registrieren können. Ihre Probanden fühlten sich weniger ermüdet und zeigten geringere Muskelschwellungen nach dem Training. Allerdings mussten die Textilien bis zu 48 Stunden nach der Belastung von den Probanden weiter getragen werden.

Für mich als Physiotherapeut ist in erster Linie die stützende Wirkung dieser Kompressionsunterwäsche auf die Rumpfmuskulatur und die stabilisierende Wirkung auf die Gelenke des Sportlers ausschlaggebend. Mit dieser Unterwäsche hat der Sportler das Gefühl einer viel besseren Rumpfstabilität.

Eine mögliche These für dieses Gefühl könnte ein Feedforward-Mechanismus, der über die Hautrezeptoren wirkt, sein. Diese spielt bei jeder Sportart eine immens wichtige Rolle für den ökonomischen Ablauf und dem damit verbundenen geringeren Kraftaufwand. Beim Laufen führt es z.B. zu einer Kraftersparnis, Leichtigkeit und Schnelligkeit des Laufstils.

Die Stütz- und Halteeigenschaft der Kompressionsstrümpfe auf das Gewebe im Unterschenkelbereich sehe ich bei gesunden Sportlern eher als Nachteil, da die Logen sowieso sehr eng sind und nicht viel Platz für das Muskelgewebe bieten. Durch die Kompressionssocken entsteht speziell durch Hypertrophie der Unterschenkelmuskulatur noch mehr Druck auf das Muskelgewebe, wodurch

das Gleitverhalten, die Bewegungsfreiheit und der Stoffwechsel einschränkt werden. Obwohl Kompression das schnellere Auslaugen der Muskulatur verhindern sollte, führt das Tragen dieser Strümpfe im Unterschenkelbereich eher zum genau gegenteiligen Effekt.
Ausnahmen sind die aus medizinischen Gründen bei Venenschwäche zur Unterstützung des Venenrückstromes verordneten Kompressionsstrümpfe.
Hinterfragen sollte man die stützende Eigenschaft der Kompressionsstümpfe und Kompressionskleidung auch hinsichtlich Muskelschwund (Atrophie). Je mehr und länger die Muskulatur von außen gestützt wird, desto weniger muss sie tun.

Was kann man gegen Kompartmentsyndromen unternehmen?

Die beste Maßnahme ist eine Anpassung des Trainingsumfanges.
Wenn ein Kompartmentsyndrom vom behandelnden Arzt diagnostiziert wird, sollte die Muskulatur, soweit als möglich, entspannt werden und man muss sich eine Trainingspause gönnen. In dieser Zeit sind physikalische Therapiemaßnahmen, wie Elektrotherapie und Lasertherapie und manualtherapeutische Maßnahmen, Massagen und Dehnungen angesagt. Falls mehr notwendig ist, verschreibt und erklärt der Arzt die weitere Vorgehensweise.
Zur Stützung und Entlastung der Muskulatur im Alltag und später beim Wiederbeginn im Sport kann man Kinesiotaping verwenden.

8.5. Krampf und Dehnen

Krämpfe sind eine Übererregung der Muskelzellmembrane.

Krämpfe können verschiedene Ursachen haben:
Dazu zählen neurologische, mechanische, klimatische, infektiöse und trophische (ernährende) Ursachen. Viele neurologische Krankheiten werden von Krampfanfällen begleitet. Ein zu eng geschnürter Schuh, der wiederum die Durchblutung und eventuell auch die nervale Versorgung der Muskulatur eindämmt, kann in weiterer Folge, zeitabhängig, zu Krämpfen führen. Muskuläre Ermüdung, Kälte oder Infektionen sind weitere Ursachen für Krämpfe. Elektrolytmangel (Magnesiummangel, aber auch der von Natrium und Kalium) spielt bei chemischen Prozessen des Stoffwechsels eine wesentliche Rolle. Fehlen sie, dann kann es leicht zu Krämpfen kommen. Dehydratation führt zu Wahrnehmungsstörungen, koordinative und emotionale Leistungseinbußen und zu Krämpfen. Sogar durch willkürliche Bewegungen im Endbereich eines Muskels kann man bewusst Krämpfe (Muskelinsuffizienz) auslösen (siehe Seite 66).

Was tun bei einem Krampf während des Wettkampfes:

Während eines Wettkampfes kann es mehrere Gründe für einen Krampf geben. Die Muskulatur übermüdet unter der zu hohen sportlichen Belastung oder der Sportler führt seinem Körper zu wenig Flüssigkeit zu, während er über seinem Schweiß eine zu große Menge an Flüssigkeit und Elektrolyte verliert.
Die Belastung sollte sofort beendet werden, flüssig Elektrolyte zugeführt werden, Zucker- bzw. Kohlenhydrate durch z.B. Cola oder Kohlenhydratgels getrunken bzw. eingenommen werden. Erst nach Stabilisierung von Kreislauf und Blutdruck, kann man wieder versuchen die Belastung langsam aufzunehmen.
Beachte: Keinen Kühlungsspray und auch keine Massagen zulassen, nicht mit Dehnen beginnen, dies kann nur zu Verletzungen führen.

Präventiv gegen Krampfanfälle sollte man neben mehr Grundlagentraining regelmäßig ausreichend regenerieren, Muskelpflege betreiben, sich ausgewogen ernähren und bei jeder Belastung adäquat Flüssigkeit zuführen. Auf das regelmäßige Dehnen, Aufwärmen und Mobilisieren vor Sportausübung sollte nicht vergessen werden.

8.6. Muskelinsuffizienz

Insuffizienz bedeutet Schwäche , ungenügende Leistung der Muskulatur. Ein Muskel kann über ein, zwei oder mehrere Gelenke ziehen. Zwei und mehrgelenkige Muskeln wirken auf alle übersprungenen Gelenke. Die Wirkung ist je nach übersprungener Gelenkstellung unterschiedlich. Beispiel: Der Oberschenkelmuskel überspringt das Hüft- und Kniegelenk. In der Hüfte beugt er und im Kniegelenk streckt er.
Es gibt eine aktive und eine passive Muskelinsuffizienz.

Bei eingelenkigen Muskeln reicht ihre Länge meist aus, dass bei ihrer maximalen Verkürzung eine maximale Annäherung (anatomische Endstellung) der artikulierenden Knochen gegeben ist. Bei zwei- oder mehrgelenkigen Muskeln reicht ihre Verkürzungsmöglichkeit über alle übersprungenen bzw. erreichten Gelenke nicht aus, um diese in Endstellung zu bringen.
Eine aktive Insuffizienz liegt vor, wenn ein Muskel bereits voll verkürzt ist, aber das übersprungene Gelenk nicht mehr in seine Endstellung bringen kann (=ungenügende Verkürzbarkeit eines Muskels).
Eine aktive Insuffizienz hätten wir, wenn man den Körper in geraden Stand (das Hüftgelenk in neutral–null–Stellung gebracht) bringt und versucht das Kniegelenk maximal zu beugen indem man die Ferse zum Gesäß zieht. Ab ca. 125 Grad aufwärts

(ein individueller Wert) kann man einen Krampf im hinteren Oberschenkelmuskel erwarten und wäre nicht weiter im Stande im Kniegelenk zu beugen. Erst bei zusätzlicher Hüftgelenksbeugung ist der Muskel lang genug und wir können im Kniegelenk maximal beugen (siehe Bild in Rückenlage). Bei eingelenkigen Muskeln ist dies pathologisch, hingegen bei zwei gelenkigen Muskeln physiologisch. Im Alltag passiert genau dieses Krampfen meist in der Nacht in den Waden oder Fußsohlenmuskeln (bei maximaler Streckung der Zehen) oder bei der „bridging“ Übung in den hinteren Oberschenkelmuskeln (beim Heben des Gesäßes). Bei so einem Krampf, reicht meist eine Endstreckung bzw. maximale Dehnung aus, um diesen zu lösen. Die passive Insuffizienz ist eine ungenügende Dehnbarkeit des Muskels. Dies ist der Fall wenn die hintere Oberschenkelmuskulatur (musculus ischiocrurale) sich bei gestrecktem Kniegelenk nicht so stark dehnen lässt, um im Hüftgelenk maximal zu beugen. Siehe dazu nachfolgende Bilder.

Aufhebung der aktiven Isuffizienz bei maximaler Beugung im Knie.

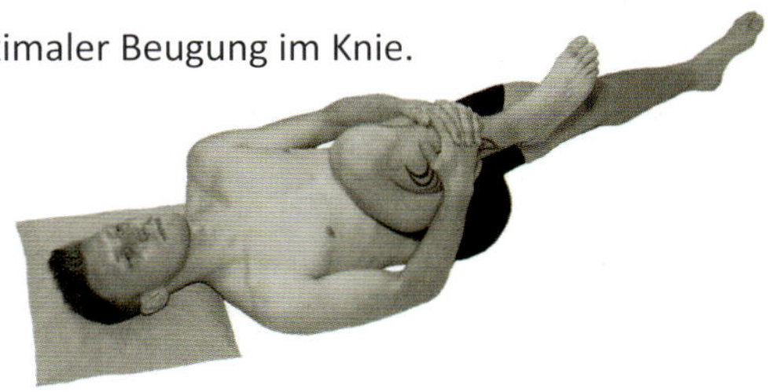

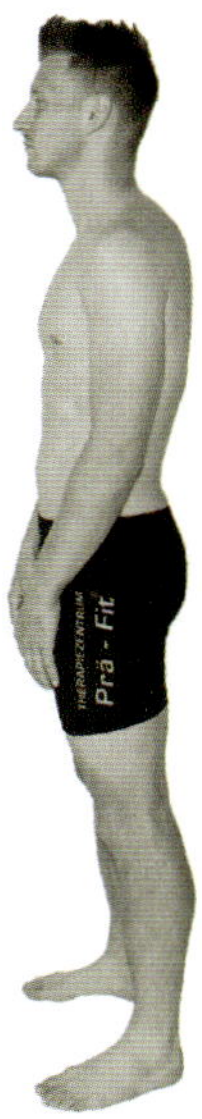

Neutralstellung

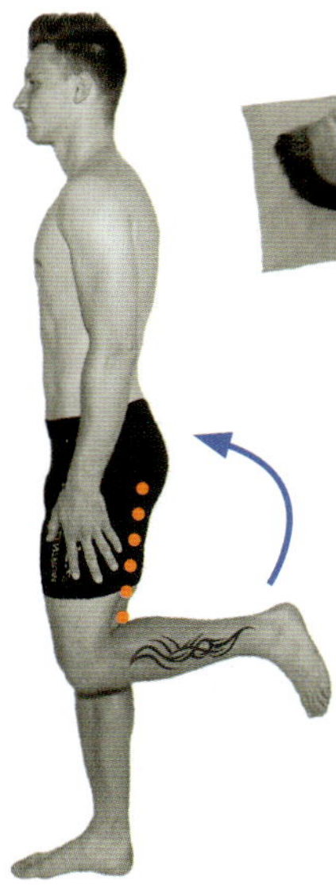

aktive Insuffizienz

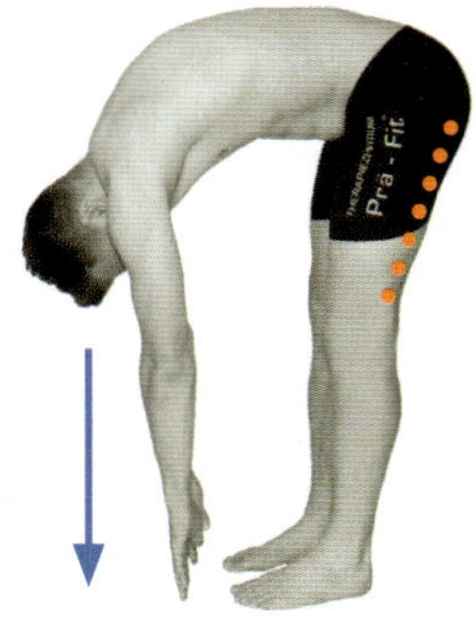

passive Insuffizienz

8.7. Das Muskel s e r v i c e

Wir Europäer lieben unsere Autos. Wir pflegen und hegen sie regelmäßig.
Das Auto, „das liebste Kind des Mannes“, wird gewaschen, gesaugt und poliert. Laufend bringen wir unser „Schätzchen“ zum Service, und das sicherlich öfter und regelmäßiger als wir jährlich zur Gesundenuntersuchung gehen.

Wie sieht es dagegen mit dem Service unseres wichtigsten Organs zur Mobilität aus? Was tun wir für unsere Muskulatur?
Ohne Service wird unsere Muskulatur verletzungsanfällig. Im schlimmsten Fall führt dies zu einem totalen Bewegungsausfall.
Gesundheitssportler wie auch Leistungssportler sollten bei der Erstellung ihrer Trainingspläne die Muskelpflege in der Regenerationszeit nicht vergessen und mit einplanen. Leistungssteigerung erfordert einerseits die richtige Dosis von Be- und Entlastung, andererseits aber auch die entsprechende Muskelpflege in der Entlastungszeit. Denn nur ein richtig ernährter und gepflegter Muskel kann nach dem Training in der Erholungszeit superkompensieren, bleibt verletzungsfrei und kann im Wettkampf seine maximale Leistung erbringen.

Regeneration beginnt mit dem richtigen, kontrollierten cool down nach der Anstrengung, also schon vor Trainingsende. Beende eine Leistung niemals abrupt!

Zur *aktiven Regeneration* zählt man die aktive Bewegung auf unterstem Belastungsniveau, wie Auslaufen, Ausradeln, Ausschwimmen bzw. Koordinative- und Gleichgewichtsübungen, Eigendehnungen und Eigenmobilisierungen.

Die Muskelpflege fällt in die *passive Regeneration*. Sie erfolgt durch adäquate Flüssigkeitszufuhr und Ernährung, ausreichenden Schlaf, und zeitgerecht angewendete physikalische Maßnahmen. Dazu zählen Elektrotherapie, Magnetfeld, Lasertherapie, Ultraschall, Wärmeanwendungen (Sauna, Rotlicht, Moorpackungen, heiße Rolle), Wasseranwendungen (kalt oder warm), manuelle Lymphdrainage, Massagen (Unterwassermassage, klassische Massage, Bindegewebsmassage, Fußreflexzonenmassage etc.).
Je anspruchsvoller und härter trainiert wird, desto wichtiger ist eine lange und intensive Erholung. Das Training ist dazu da den Körper zu „schwächen“, damit er in der Regeneration besser wird.

Die Muskulatur ist das einzige Gewebe, das wir bis ins hohe Alter trainieren

können um so Leistungsminderung, mehr als bei anderen Geweben, aufhalten zu können. In diesem Satz steckt auch schon die ganze Botschaft.
Ohne Krafttraining schwindet im Schnitt ab dem 30. Lebensjahr ca. 10% unserer Maximalkraft der Muskulatur pro Dekade.

Ausdauertraining ist zweifelsohne zur Gesunderhaltung des Herzkreislaufsystems der gesamten Organfunktionen notwendig. Krafttraining jedoch ist genauso wichtig für den Erhalt unserer Muskelkraft und damit zur Aufrechthaltung einer gesunden Mobilität. Muskelkraft stabilisiert aber auch Gelenke und erhält die Funktion der umgebenden Strukturen. Sie ist eine große Hilfe bei Arthrosen, da sie abgenützte Gelenke in ihrer Funktion unterstützten kann. Ein stabilisierendes Muskelkorsett ist die einzige natürliche Hilfe bei Hypermobilität der Gelenke.

All die erwähnten regenerativen Ratschläge betreffen auch die restlichen Strukturen des aktiven Bewegungsapparates. Besonders hervorzuheben sind die Faszien, auf die mit eigenem Faszientraining besonders eingegangen werden kann (Siehe Seite 96).

8.8. Dehnen ist nicht Aufwärmen

Meine Tätigkeit als Physiotherapeut bringt mich immer wieder auch mit Fußballspielern in Kontakt. Aus der Art der zu behandelnden Verletzungen ergibt sich für mich, dass viel zu wenig Wert auf solides Aufwärmen vor dem Spiel gelegt wird.

Aufwärmen ist vor Sport (körperlicher Tätigkeit) unverzichtbar. Viele Sportler verwechseln Aufwärmen mit Dehnen. Sie bringen ihren Körper nicht für die eigentliche Trainingseinheit auf Touren, sondern führen kontraproduktiv meist statische anstelle von dynamischen Dehnungsübungen durch.

Aufwärmen hat auch nichts mit Erwärmung durch äußerliche Einflüsse zu tun. Ein Saunabesuch vor dem Training gehört genauso wenig dazu, wie das Einmassieren der Beinmuskeln mit verschiedenen stark riechender Salben. Dies erhöht nur die periphere Durchblutung der Haut (oberflächliche Wirkung). Die Durchblutung dringt nicht in die Tiefe zur Muskulatur vor.

Zweck des Aufwärmens ist es durch aerobe leichte Belastung (Mobilisieren, Dynamisches Dehnen, lockeres Einlaufen oder Radfahren) den Kreislauf in Gang zu bringen. Durch die Durchblutungssteigerung des gesamten Bewegungsapparates wird einerseits eine Steigerung der Gewebeeigenschaft (Elastizität) und andererseits eine Erhöhung der Energiebereitstellung erreicht. Die Aktivierung der Muskulatur führt zur Muskelerwärmung.

Gelenksbewegungen ohne Belastung führen zur Vermehrung der Gelenks-schmiere wodurch die Reibungswiderstände abnehmen und eine bessere Stoßdämpfung möglich wird. Es kommt zum Aufwecken, Aktivieren des neuromuskulären Faktors durch Steigerung der intra- und intermuskulären Koordination, wodurch sich die Reaktionszeit verkürzt und die Sinnesrezeptoren sensibilisiert werden. Insgesamt wird der gesamte Körper für die bevorstehende Leistung, körperlicher Arbeit aktiviert.

Psychische Leistungsbereitschaft, Konzentrationssteigerung und Fokussierung auf das bevorstehende Training oder den Wettkampf sind Erfolgsgaranten, die bewusst oder unbewusst in der Aufwärmphase einfließen sollten.

Durch all diese, durch das Aufwärmen ausgelösten Reaktionen reduziert sich letztendlich auch das Verletzungsrisiko .

8.9. Cool down

Genauso wichtig, wie richtiges Aufwärmen vor sportlicher Tätigkeit ist es, das Training nie abrupt zu beenden. Der auf Hochtouren gebrachte „Körpermotor" muss kontrolliert und langsam heruntergefahren werden.
Die Länge des cool down hängt von der Trainingsintensität und Trainingsdauer ab. Je höher der Puls, desto länger braucht der Körper ihn herunterzufahren. Dies erreicht man am besten zum Ende des Trainings hin durch stetige Temporeduzierung in der gleichen Sportart.
Nach dem Zieleinlauf im Marathon würde das bedeuten: Durchatmen, Trinken und noch ca. eine Viertelstunde locker auslaufen.
Dadurch beruhigt sich der Puls, die Durchblutung für die Regeneration wird unterstützt, die Sauerstoffrestschuld wird ausgeglichen.
Sofort nach dem Zieleinlauf bzw. Beenden eines Trainings soll, egal nach welcher Methode auch immer, nicht gedehnt und nicht massiert werden.

8.10. Triggerpunkte

Synonym: trigger-points, Myogelosen oder Hartspann (to trigger bedeutet auslösen).

Dabei handelt es sich um lokal begrenzte druckschmerzhafte Punkte, Verspannungsknoten der Muskulatur oder des myofaszialen Gewebes mit einem erhöhten Widerstand.
Sie befinden sich bzw. entstehen in geschwächten und überbeanspruchten Muskeln. Anhaltender Druck (Triggerbehandlung) löst ausstrahlende Schmerzen im Triggerpunkt und bis in vorhersehbare Areale aus. Ein aktiver Triggerpunkt kann neben Schmerzen auch ein Taubheitsgefühl, Muskelschwäche, Muskelhypertonus und dadurch Fehlhaltungen und Bewegungseinschränkungen bis hin zu Körperfunktionsstörungen auslösen. Triggerpunkte können nicht nur durch physischen, sondern auch durch psychischen Stress entstehen. Bevorzugt finden wir Triggerpunkte in der tonischen Muskulatur, die hauptsächlich Haltearbeit verrichten.

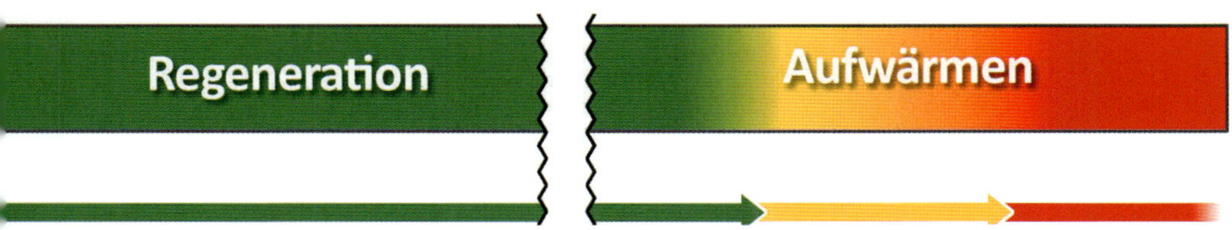

Aufgrund des Hypertonus ist die Durchblutung des Muskelewebes betroffen und es kommt zur Ansammlung von Stoffwechselendprodukten durch die Minderversorgung.
Simons[43] kam 1994 nach Recherchen anderer Autoren zu dem Schluss, dass im Zentrum des Triggerpunktes im Vergleich zu den umliegenden Muskeln ein Sauerstoffmangel herrscht.

Beim Muskelhypertonus handelt es sich um eine gestörte Calcium-Pumpe (Ettlin & Kaeser[44] 2002). Bei einer Kontraktion vermindert sich die Durchblutung der Muskulatur (Lindel[6] 2010) . Dadurch produziert die Muskulatur weniger ATP, was zur Folge hat, dass Calcium nicht mehr extrazellulär transportiert werden kann. Bleibt das Calcium intrazellulär so bleiben die Myosinköpfchen an der Aktinkette gebunden und der Muskel bleibt verkürzt, verspannt.

Wall und Melzack[45] zeigten 1989, dass sich ungefähr 80% der wichtigsten Triggerpunkte an der Stelle bekannter Akkupunkturpunkte befinden. Akkupunkturpunkte sind Punkte, in denen viele Nervenendigungen zusammenkommen. Der Zusammenhang ist noch unklar und Teil der Forschung.

Was tun wenn man Triggerpunkte hat?

Mit einem Wort Durchblutungsförderung.
Selbst kann man eine Linderung der Schmerzen durch Massagen, Wärme- und Rotlichtanwendungen, durch die heiße Rolle, Tens-Stromanwendung (Elektrotherapie) und dynamisches Dehnen erreichen. Dies ist aber nicht effektiv genug. Effektiver löst man Triggerpunkte durch therapeutische Behandlungen, wie das Triggern mit darauffolgender Dehnung des getriggerten Areals oder alternativ dazu die AORT Behandlung (Autonome Osteopathische Repositionstechnik). Massagen und Elektrotherapie wären zusätzlich unterstützend. Eine sehr effektive Therapie ist die Akupunktur, die den Ärzten vorbehalten ist.

Empfehlen würde ich nach der Therapie das Kinesiotaping als Entlastung und zum Schutz der Muskulatur und zur Förderung des Lymphabflusses.

9. Praktisches Dehnen

In diesem Kapitel erhalten Sie Anleitungen zu den Dehnübungen als Eigendehnung. Die Vorteile dieser Dehntechnik sind einerseits, dass man die Übungen selbst ausführen und dadurch die Intensität selber gut dosieren kann. Die Ausgangsstellungen und Ausführungen können, sowohl in der Dehnmethode dynamisches Dehnen als auch statisches Dehnen, angewendet werden. Das genaue wie und wann man dehnen soll, wird in den Kapiteln 5 und 6 beschrieben.

In diesem Kapitel möchte ich aber auch kurz auf das Nervenmobilisieren (die Nervendehnung und das Nervengleiten) und die Fasziendehnung mit der Rolle, eingehen.

Besonderen Wert lege ich auf die genaue Einhaltung der beschriebenen Ausgangsstellungen und Ausführungen jeder Dehnübung damit bevorzugt das ausgewählte Gewebe unter Zug kommt und soweit wie möglich keine anderen Strukturen überlastet werden.
Die Dehnübungen sind so aufgebaut, dass zuerst kurz der Ursprung (blau) und Ansatz des Muskels (orange) und seine Funktion erwähnt werden bevor auf die häufigsten Dehnvarianten eingegangen wird.
Empfehlenswerte Dehnvarianten werden mit einem grünen Daumen hoch, besonders belastende (nicht empfehlenswerte) Dehnübungen mit einem roten Daumen nach unten, bewertet. Dabei wird von jeder Dehnübung eine, die besonders empfehlenswert ist, zusätzlich mit grüner Umrandung gekennzeichnet. In diesem Buch befindet sich zusätzlich ein Poster mit den empfohlenen Dehnungsübungen der 22 aufgezählten Muskeln. Die orangen Kreise markieren am Bild mögliche Fehlerquellen bei der Haltung. Blaue Pfeile zeigen die Richtung der Dehnbewegung an. Unter dem Hinweisschild „Achtung“ wird beschrieben, worauf bei der angeführten Dehnung besonders zu achten ist.
Wie bei allen sportlichen Betätigungen sollte man mit einfachen Übungen anfangen, um so Defizite, in diesem Fall der Beweglichkeit einzelner Strukturen, aus zu verbessern, bevor man mit Dehnübungen ganzer Muskelketten beginnt. Diese komplexeren Dehnübungen werden hier bewusst nicht erwähnt und können selbstverständlich später, je nach Verbesserung der Dehnfähigkeit und der Körperwahrnehmung, statt oder nach diesen Dehnübungen, ausgeführt werden.

Auflistung und Muskelskelettbild

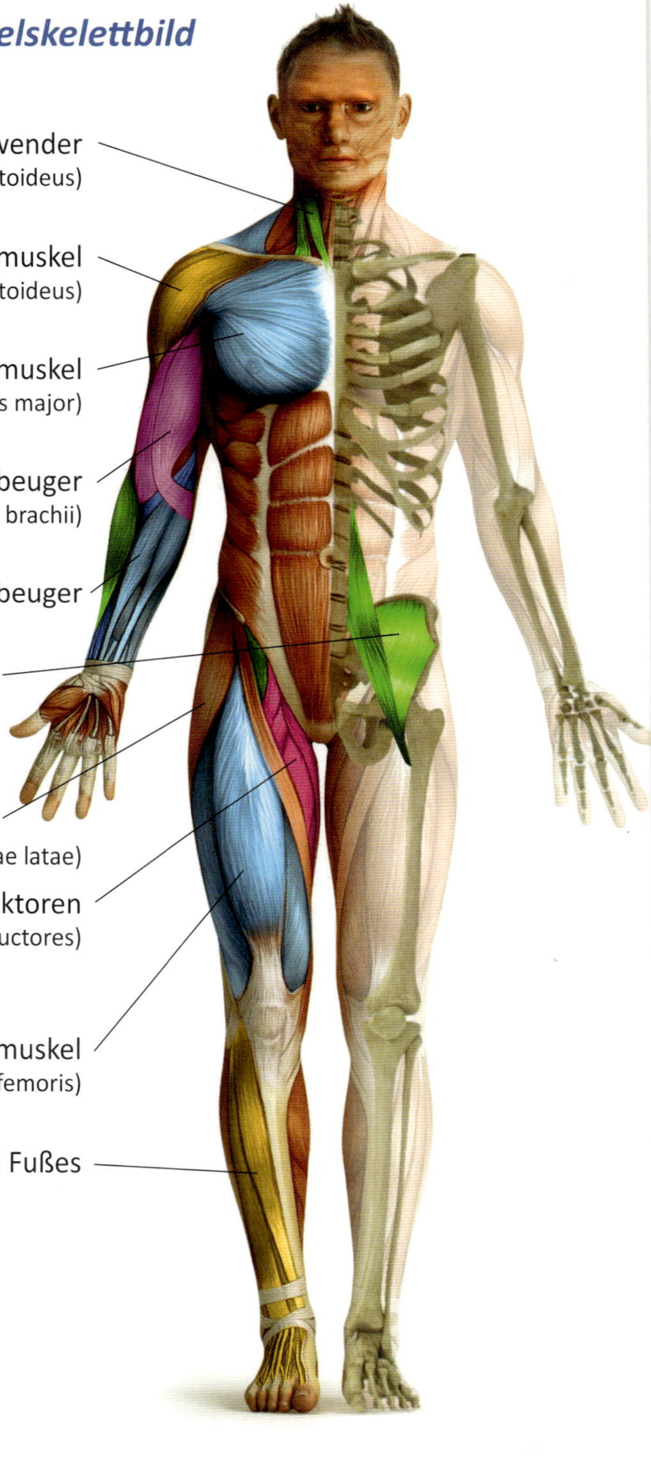

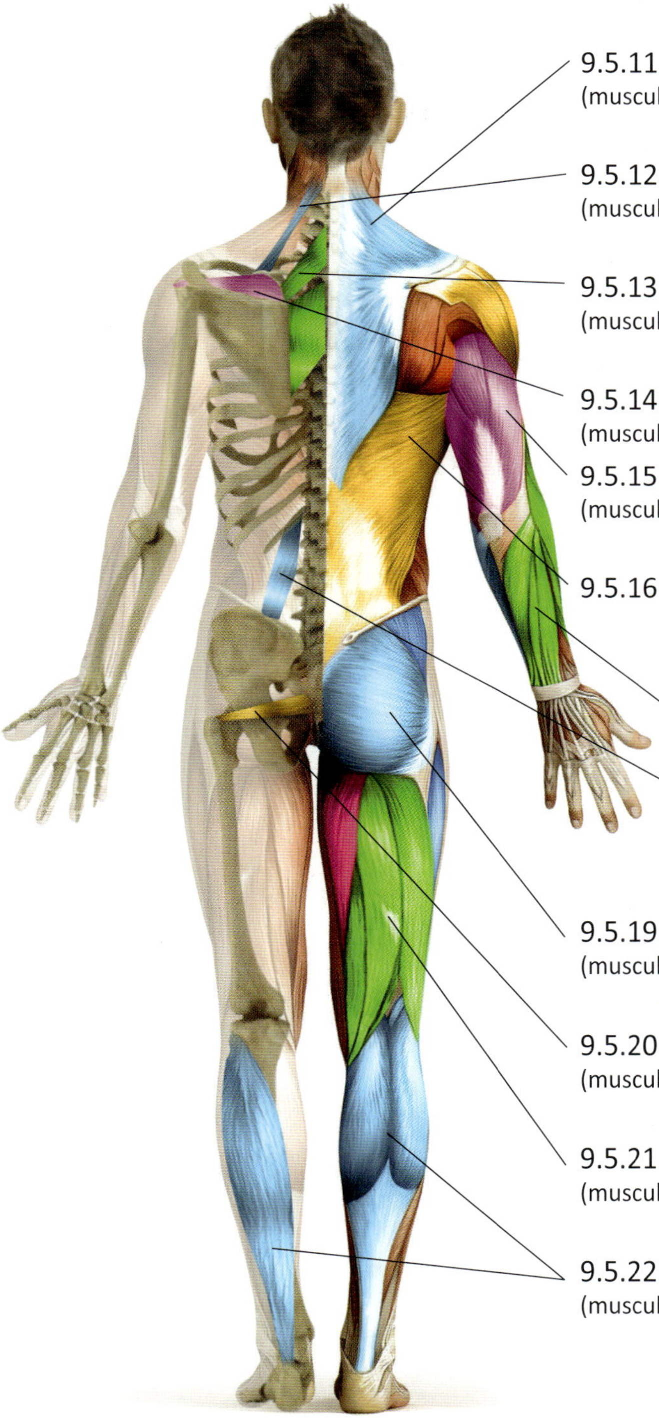
9.5.11. Trapezmuskel
(musculus trapezius)
9.5.12. Schulterblattheber
(musculus levator scapulae)
9.5.13. Rautenförmige Muskeln
(musculi rhomboidei)
9.5.14. Muskel über dem Schulterblattdorn
(musculus supraspinatus)
9.5.15. Dreiköpfiger Armmuskel
(musculus triceps brachii)
9.5.16. Breitester Rückenmuskel
(musculus latissimus dorsi)
9.5.17. Unterarmstrecker
9.5.18. Quadratischer Lendenmuskel
(musculus quadratus lumborum)
9.5.19. Gesäßmuskeln
(musculi glutei)
9.5.20 Birnenförmiger Muskel
(musculus piriformis)
9.5.21. Hintere Oberschenkelmuskulatur
(musculus ischiocrurale)
9.5.22. Dreiköpfiger Wadenmuskel
(musculus triceps surae)

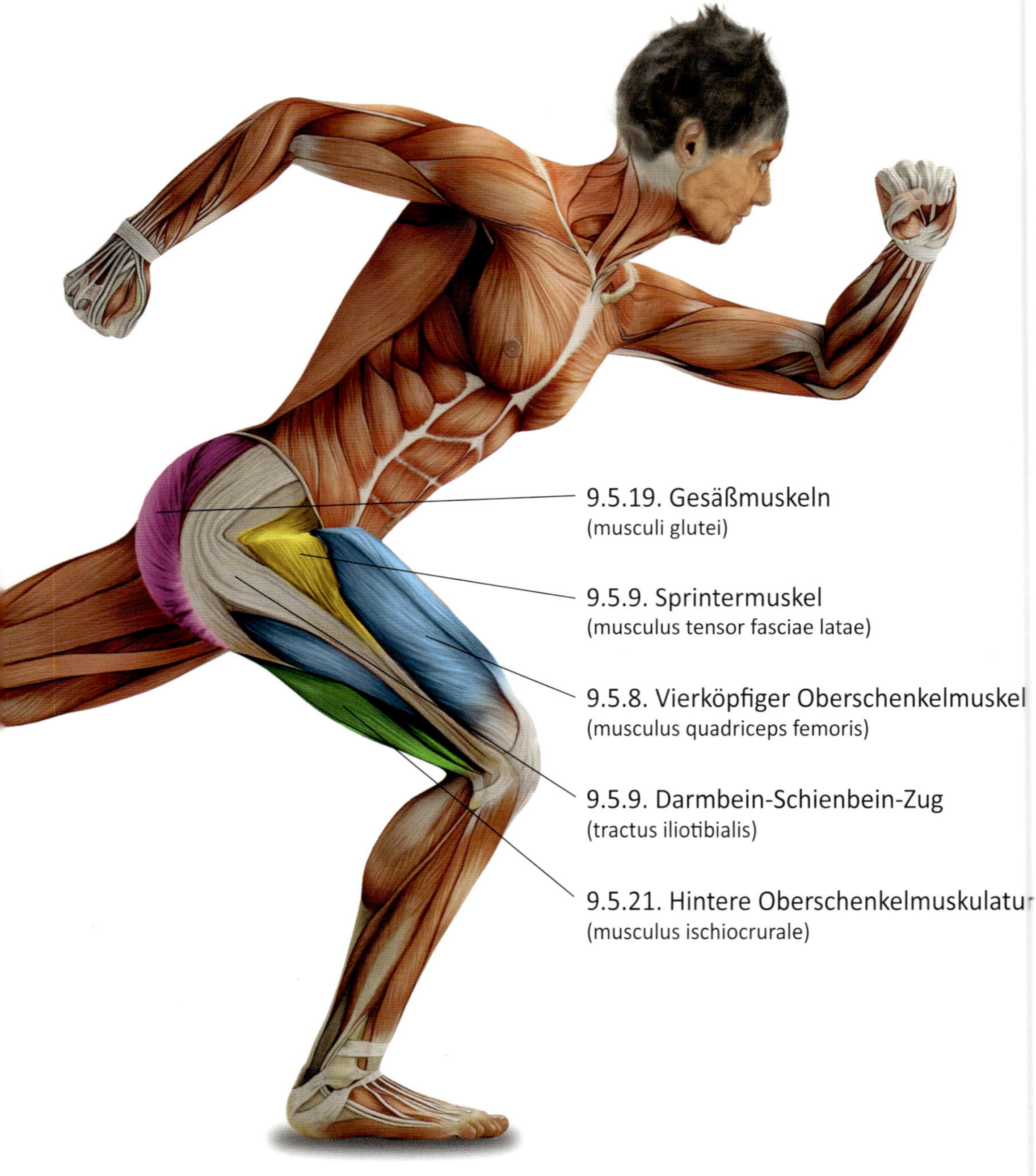
9.5.19. Gesäßmuskeln
(musculi glutei)
9.5.9. Sprintermuskel
(musculus tensor fasciae latae)
9.5.8. Vierköpfiger Oberschenkelmuskel
(musculus quadriceps femoris)
9.5.9. Darmbein-Schienbein-Zug
(tractus iliotibialis)
9.5.21. Hintere Oberschenkelmuskulatu
(musculus ischiocrurale)

9.1. Tipps zum Dehnen:

- Aufgewärmt lässt es sich effektiver und mit geringerem Verletzungsrisiko dehnen.

- Dehnen Sie nie unkonzentriert, richten Sie ihre Aufmerksamkeit auf das zu dehnende Gewebe. Nehmen Sie Dehnstellungen mit großer Sorgfalt ein. Die Ausgangsstellung ist je nach Gewebe, das unter Spannung gebracht werden soll, sehr wichtig. Ansonsten werden andere Strukturen durch eine falsche Haltung überlastet.

- Dehnen Sie nie ruckartig oder gewaltsam.

- Dehnen Sie immer nur bis zur schmerzfreien Barriere. Während des Dehnens ist ein Ziehen und Spannen des Gewebes erwünscht.

- Statisches Dehnen vor, während oder sofort nach einer sportlichen Aktivität ist kontraproduktiv. Statisches Dehnen sollte als eine eigene Trainingseinheit gelten.

- Suchen Sie sich einen angenehmen Ort für die Dehnübungen und nehmen Sie sich genügend Zeit dafür. Betrachten Sie jede Trainingseinheit auch als eine Entspannung, denn Dehnen reguliert nachgewiesenermaßen das autonome Nervensystem (ANS) und führt zu einer besseren autonomen Balance.

- Kombinieren Sie die Dehnung immer mit der Atmung.
  Atmen Sie ruhig, gleichmäßig und entspannt durch die Nase in den Bauchraum ein, und durch den Mund aus. Halten Sie die Luft nicht an! Wenn Sie beim statischen Dehnen intensiver in die Dehnposition gehen, atmen Sie aus. Behalten Sie die Dehnposition bei und atmen Sie entspannt weiter. Sind Sie dazu nicht in der Lage, dann lösen Sie die Dehnung langsam wieder auf und beginnen erneut mit der Dehnübung.

- Die Dehndauer ist sehr von der Tagesverfassung (physischer und überwiegend psychischer Verfassung) abhängig. In der Literatur werden immer Zeitangaben zur Dehndauer beim statischen Dehnen gemacht. Ich bevorzuge nur anfangs einen Richtwert als Hilfestellung für die Mindestdauer einer Dehnungsübung zu geben. Zählen Sie bei ihren ersten

Dehnübungen die Sekunden mit, damit Sie die Spannung auch lange genug halten und ein Gefühl für die Dauer einer Dehnübung bekommen. Unter Kapitel 5 finden Sie die Dehnmethoden mit der genauen Beschreibung zur Durchführung der jeweiligen Dehnung. Horchen Sie in sich hinein und fühlen Sie wie ihr Gewebe auf die Dehnung reagiert. Beim statischen Dehnen sollte das Gewebe ins Kriechen kommen und der Muskeltonus sich ohne Gewebeverletzung senken. Das erreicht man nur im entspannten Zustand.

- Manche Dehnübungen erfordern größere Beweglichkeit in den umgebenden Gelenken und Strukturen. Suchen Sie deshalb Dehnübungen die Ihren körperlichen Möglichkeiten entsprechen. Konzentrieren Sie sich anfangs auf einfache Dehnübungen einzelner Muskeln, bevor Sie ganze Muskelgruppen dehnen.

- Wenn der zu dehnende Muskel über zwei Gelenke geht, fixieren Sie immer ein Gelenk. Vergessen Sie nicht die Bauchmuskeln bei jeder Dehnung mit anzuspannen.

Legende der Bildmakierungen

distal .... Rumpf fern
proximal .... Rumpf nah
ASTE .... Ausgangsstellung

abduktion .... abspreizen
adduktion .... heranziehen

zeigt die Bewegunsrichtung bei der Dehnübung

zeigt mögliche Fehlerquellen bei der Dehnübung

Erklärung, worauf man bei der Dehnübung besonders achten sollte

empfehlenswerte Dehnübung

nicht empfehlenswerte Dehnübung

Hüftstellung:

Bei jeder Ausgangsstellung einer Dehnübung sind drei Beckenstellungen möglich. Diese beeinflussen die Effektivität der Dehnung, da je nach Stellung bzw. Kippen des Beckens (nach vorne oder hinten) der Dehnungseffekt verstärkt oder geschwächt (siehe die drei unten angeführten Bilder) wird.

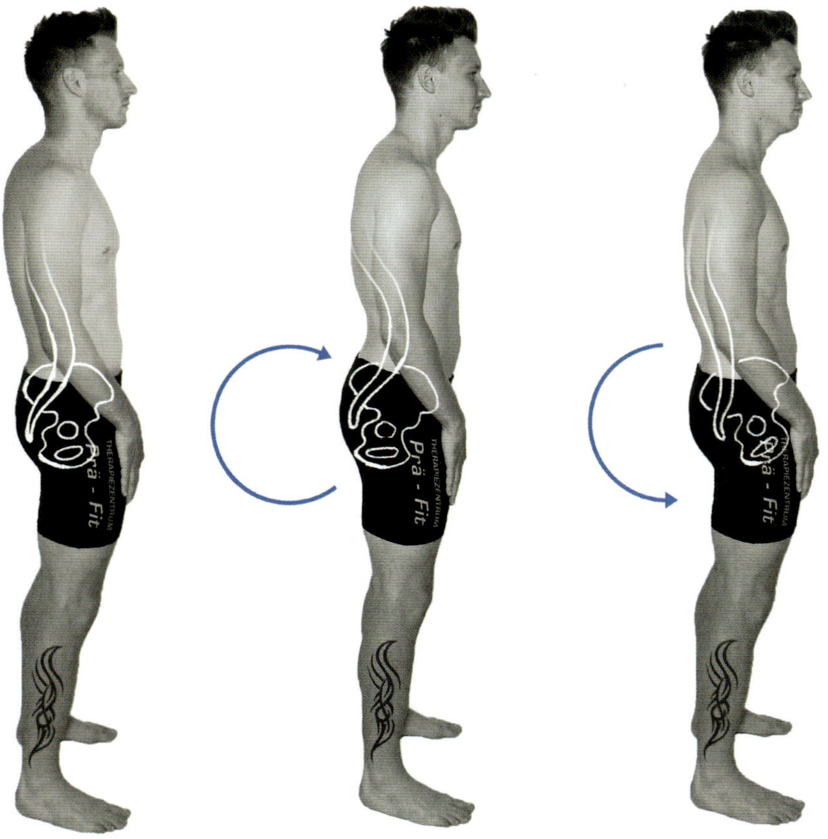

Neutrale Beckenstellung

Becken vorgekippt (LWS-Lordose bzw. Hohlkreuz)

Becken zurückgekippt (LWS-Kyphose)

9.2. Mobilisierungen:

Wir Physiotherapeuten verstehen unter dem Begriff Mobilisieren allgemein die Bewegungsaktivierung. Dies kann sowohl bedeuten, einen bettlägerigen Patienten aus seinem Bett heraus zu bewegen, als auch eines seiner Gelenke oder Extremitäten durchzubewegen. Mobilisieren kann man jedes Gelenk, jede Struktur. Das Endziel neben der Heilung der verletzten Struktur ist immer das Wiedererlangen der vollen ursrpünglichen Mobilität, Stabilität und Belastbarkeit. Mobilisierungen wirken durchblutungsfördernd und erwärmend auf das Gewebe. Es kommt zu einem Stoffwechselanstieg und einer Erhöhung der Gelenksschmiere.

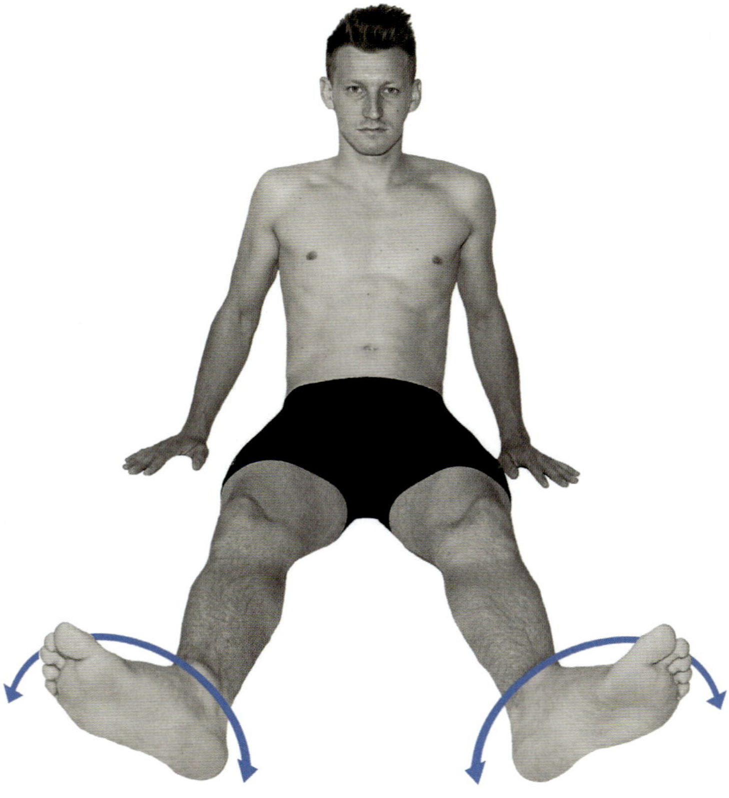

Mobilisiert wird anfangs passiv durch den Therapeuten, danach assistiv (gemeinsam mit dem Patienten) und zuletzt aktiv (durch den Patienten allein). Die Übungen können öfter am Tag gemacht werden. Speziell zur Linderung von Akutschmerzen sollte man noch im Bett vor dem Aufstehen (immer belastungsfreie) sanft und im mittleren Bewegungsausmaß bewegen. Es kann nie zu viel mobilisiert werden, nur zu intensiv und oder zu endgradig. Prinzipiell sollte jede Übung ca. 20-30 mal wiederholt werden. Mehrere Übungsserien am Tag sind möglich solange keine Schmerzen auftreten.

Als Beispiel wird in der neben stehenden Abbildung, die hubfreie Mobilisierung der Hüftgelenke durch gleichzeitige Innen- und Außenrotation beider Beine dargestellt.

Die Rotationsbewegung kann über die Fußschaufel von distal (Körper fern) oder über das Hüftgelenk von proximal (Körper nah) eingeleitet werden. Dabei sollen trotzdem die Muskeln in den Beinen nicht verspannt werden. Die ersten 4-5 mal, sollte nur im mittleren Bewegungsausmaß bewegt werden, bevor endgradig bis ins Bewegungsende des Gelenkes mobilisiert wird. Hierbei ist das langsame Vortasten und das Spüren des Endgefühls wichtig.

Zu empfehlen sind die Anleitungen zu den Mobilisierungsübungen nach dem Mobigym-Konzept von F. Siemes, unter www.impuls-fs.at.

Mobilisierungen der Wirbelsäule:

Es gibt allgemein drei Bewegungsebenen im Raum. Die sagittale, longitudinale und transversale Ebene. Die Wirbelgelenke sind *articulatio plana*, Gelenke mit zwei Freiheitsgraden und Gleitbewegungen der Gelenkflächen, die nicht zu vernachlässigen sind. Pro Wirbelsäulenabschnitt (Halswirbelsäule, Brustwirbelsäule und Lendenwirbelsäule) werden je drei Mobilisierungsübungen erwähnt.

Halswirbelsäule (HWS)

Nein-Sagen:

ASTE: In Rückenlage entspannt mit aufgestellten Beinen oder unterlagerten Knien liegen. Zur Unterlagerung können Sie einen kleinen Polster oder ein kleines Handtuch in die Kniekehle legen. Das Gewicht des Kopfes flach auf einen Polster ablegen. Die Neutralstellung der Halswirbelsäule bewusst einnehmen. Achten Sie drauf, dass Sie ihren Kopf nicht überstreckt haben, was meist der Fall ist, denn die Neutralstellung der Halswirbelsäule hat ca. einen 4-Fingerabstand zwischen Kinn und Brustbein. Den Kopf sanft abwechselnd nach rechts und links drehen. Bewegen sie nur in einem mittleren Bewegungsausmaß (ihrer möglichen Bewegungsamplitude), locker rhythmisch und nicht zu schnell. Je akuter ihre Schmerzen sind, desto feiner sollten Sie die Übungen ausführen. Wenn Sie aber keine Schmerzen haben, dann können Sie schrittweise ihren Kopf beidseits bis zum Bewegungsende drehen.

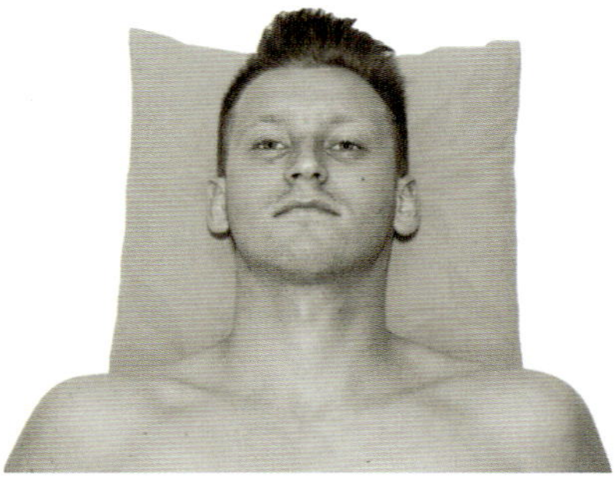

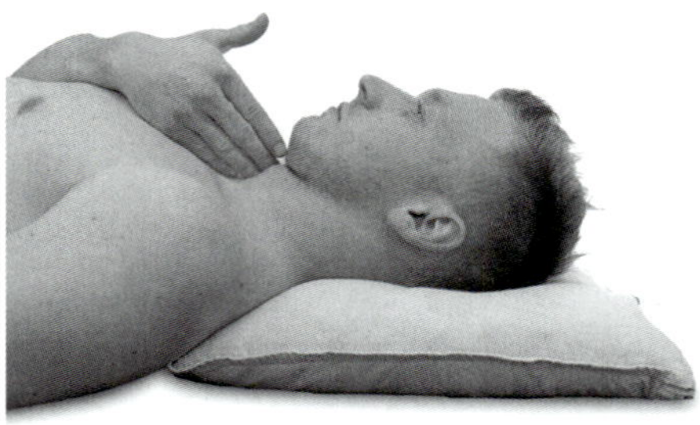

ASTE/Neutralstellung

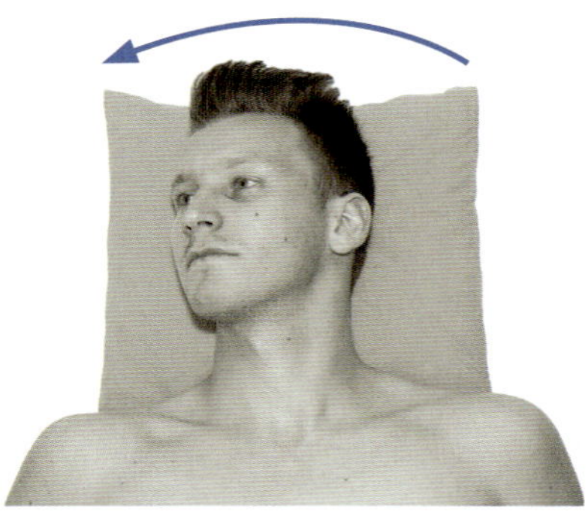

Rechtsrotation

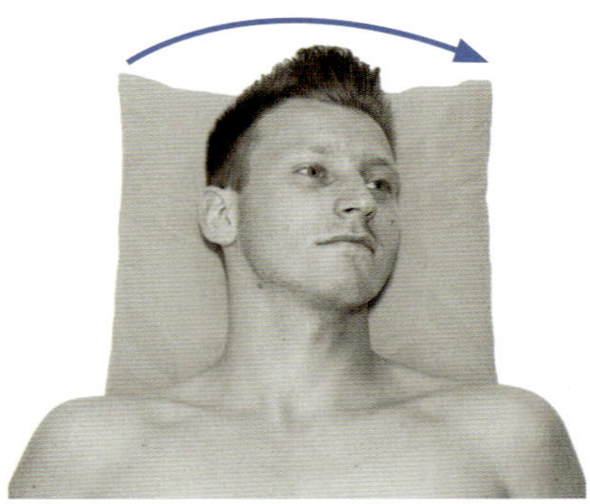

Linksrotation

Ja-Sagen:

Die gleiche ASTE wie bei der vorigen Mobilisierung. Nicken sie mit dem Kopf sanft von oben nach unten. Es gilt dabei das gleiche mittlere Bewegungsausmaß, wie bei der Übung zuvor.

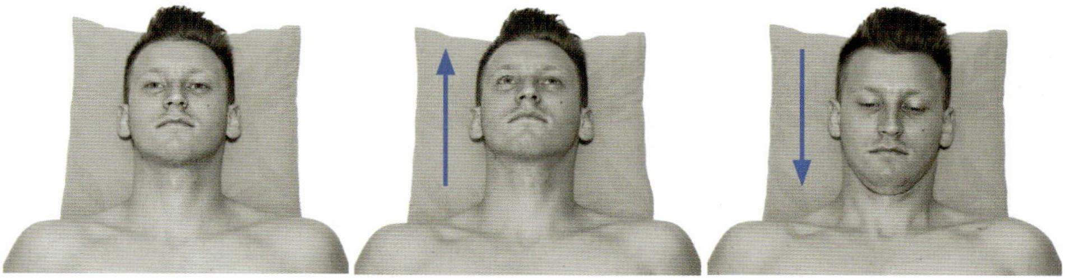

Die liegend Achterschleife:

ASTE: Gleiche Rückenlage wie zuvor erwähnt. Fahren Sie mit ihrer Nasenspitze einen liegenden 8-er nach. Auch hier wählen sie ein mittleres Bewegungsausmaß. Diese Übung ist eine Mischbewegung aus den beiden ersten Mobilisierungen.

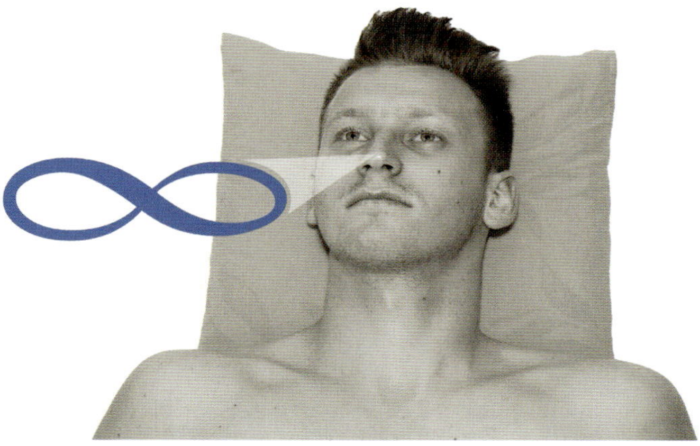

Brustwirbelsäule (BWS)

Rotation der Brustwirbelsäule:

ASTE: Im Sitzen Arme über den Schultern verschränken (kreuzen) und den Oberkörper rhythmisch nach rechts und links drehen. Achten Sie auf einen aufrechten Sitz. Die Füße sollen Bodenkontakt haben. Heben Sie die Schultern nicht, halten Sie ihren Kopf gerade und üben Sie locker. Fixieren Sie mit Ihrem Blick einen Punkt, um den Rumpf gegen den Kopf (der Halswirbelsäule) und gegen das Becken (der Lendenwirbelsäule) drehen zu können.

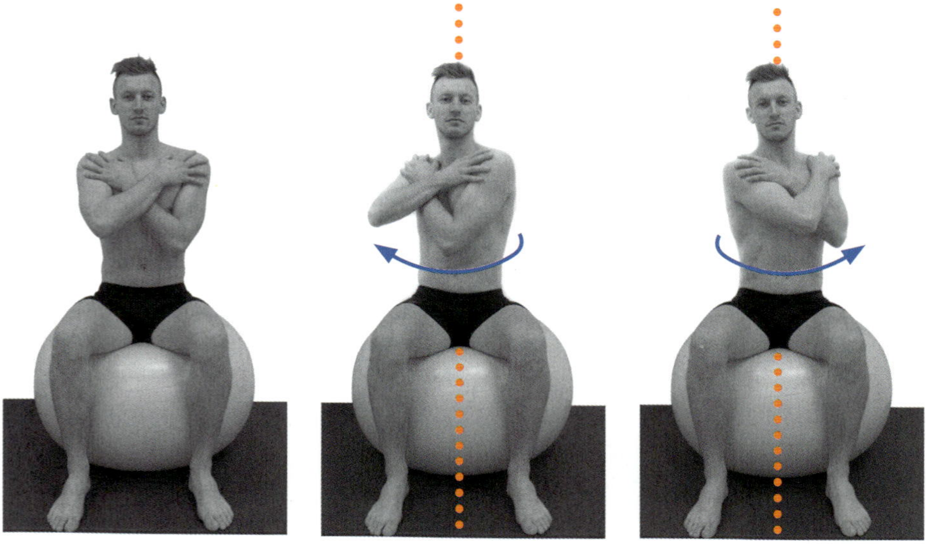

Das Apfelpflücken

ASTE: Aufrechter Sitz, mit abwechselnd nach oben durchgestreckten Armen.

Diese abwechselnd nach oben schieben, um damit den Rumpf zu verlängern.

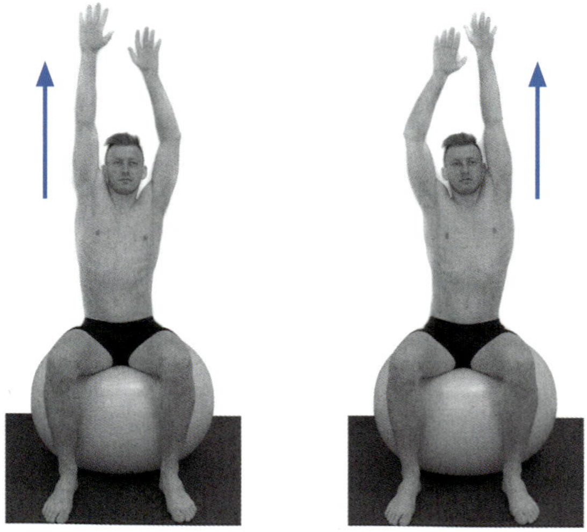

Streckung der Brustwirbelsäule:

ASTE: Legen Sie sich rückwärts auf einen Gymnastikball, so dass nur ihre Brustwirbelsäule (der Rücken vom Nabel aufwärts) auf dem Ball liegt. Die Arme unter den Nacken geben und so den Kopf unterstützen, damit die Halswirbelsäule nicht überhängt. Stabilisieren Sie ihre Lendenwirbelsäule und lassen Sie sie nicht durchhängen. Dafür spannt man Gesäßmuskeln und Bauchmuskeln an. Durch diese Mobilisierung erreicht man eine schonende aber doch intensive Streckung in der Brustwirbelsäule bei gleichzeitiger Dehnung der Brustmuskeln.

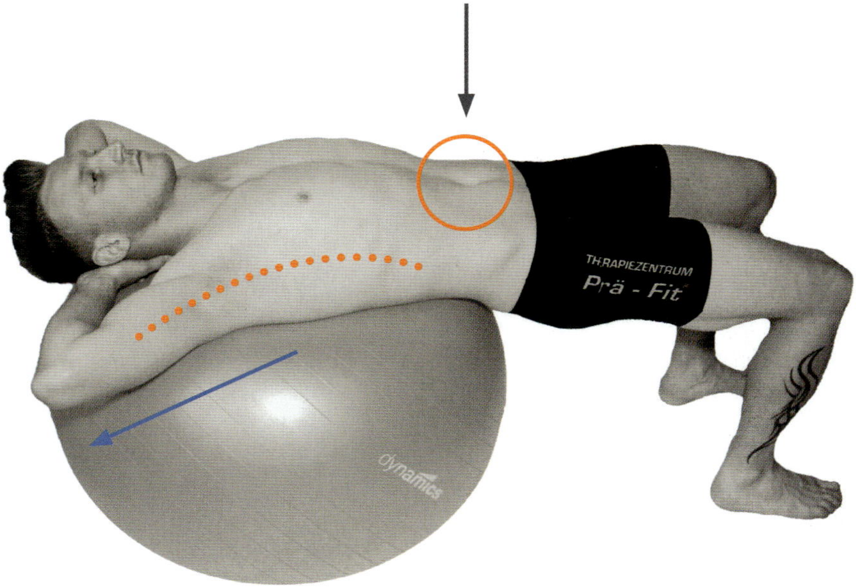

Beugung bzw. Aushängen lassen der Lendenwirbelsäule:

ASTE: Vorwärts auf den Ball legen, Arme und Beine so hängen lassen, dass sie Bodenkontakt haben. Dabei liegt die Lendenwirbelsäule genau auf der Ballmitte. Durch das Gewicht bzw. den Zug der Extremitäten hängt (streckt) man sich sehr entspannt aus. Die üblich angewendete Aushängeübung an einer Stange, an der man sich mit den Armen festhält und mit dem ganzen Körpergewicht hängen lässt, ist für die Wirbelsäule nicht zu empfehlen. Das gesamte Beingewicht hängt an der Wirbelsäule und muss von ihr getragen werden. Diese Traktion ist meist zu intensiv und daher nicht empfehlenswert.

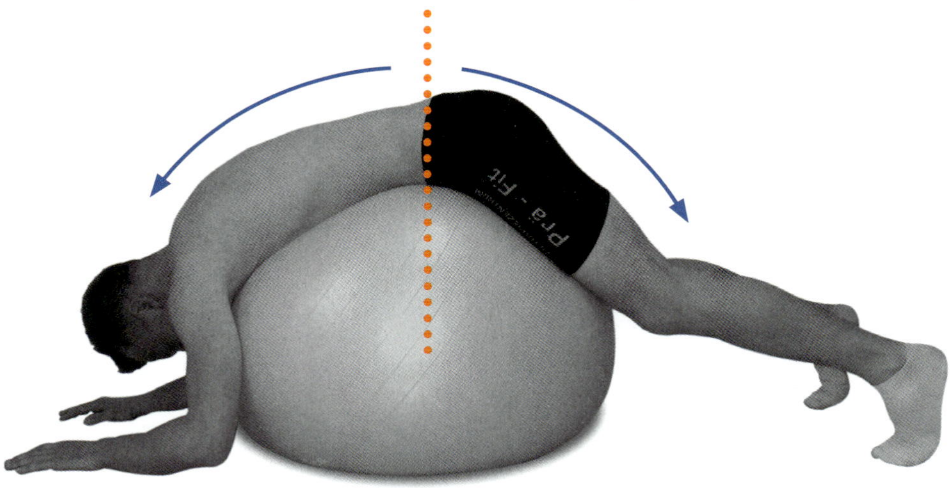

Lendenwirbelsäule (LWS)

Die Knie nach beiden Seiten drehen:

ASTE: In Rückenlage liegend beugen Sie im Kniegelenk und stellen Sie ihre Beine auf, um kein Hohlkreuz zu machen. Die Knie ruhig und rhythmisch von einer Seite zur anderen rollen ohne den Oberkörper mit zu bewegen oder das Gesäß zu heben. Machen Sie das Ausmaß der Bewegung von den Schmerzen in ihrer Lendenwirbelsäule abhängig. Je akuter die Schmerzen desto geringer sollte das Bewegungsausmaß sein.

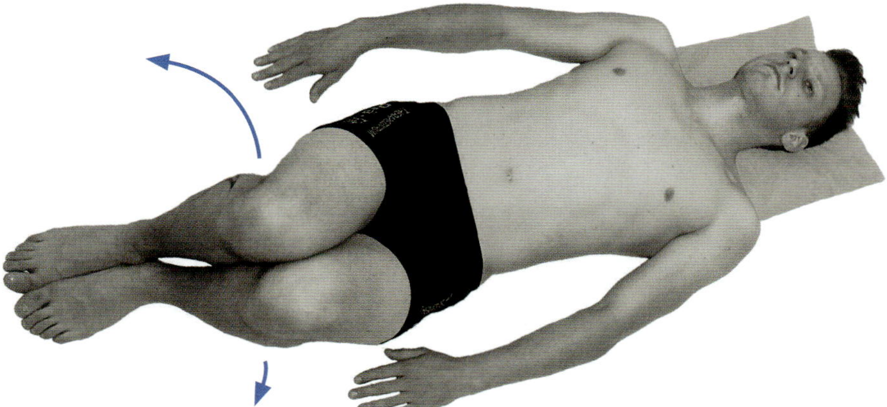

Das Beckenkippen:

ASTE: In Rückenlage liegend, unterlagern Sie ihren Kopf, beugen ihre Beine im Kniegelenk und stellen sie auf, damit Sie nicht im Hohlkreuz liegen. Zum besseren Spüren der richtigen Bewegung ergreifen Sie mit den Händen seitlich ihre Beckenkammknochen. Kippen Sie ihr Becken einmal nach vorne, dabei hebt sich ihr Rücken leicht von der Unterlage. Wenn Sie nun ihr Becken nach hinten kippen wird die Wirbelsäule auf die Unterlage gedrückt. Wiederholen Sie die Bewegung ohne Anstrengung, rhythmisch locker aber in einem mittleren Bewegungsausmaß.

Damit man die Lendenwirbelsäule in der folgenden Abbildung besser sehen kann, liegen die Arme seitlich und sind nicht am Beckenkamm gelegt.

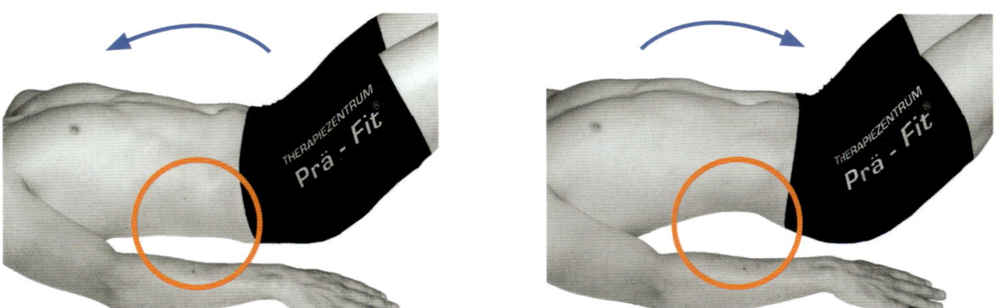

Die Beine Langschieben:

Gleiche Ausgangsstellung in der Rückenlage wie bei der vorigen Übung. Die Knie abwechselnd in Richtung der Schultern schieben. Achten Sie darauf, dass Sie ihre Füße dabei nicht mit bewegen.

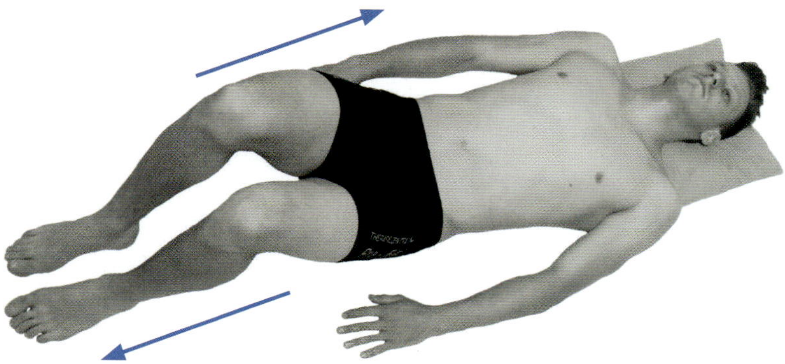

9.3. Auto-Mobilisierungen der peripheren Nerven:

Der Stoffwechsel des Nervensystems profitiert genauso von Mobilisierungsübungen (Durchbewegen). Hier müssen wir aber unterscheiden zwischen den kurzen Nervendehnübungen und den Nervengleitübungen. Sehr gut und vereinfacht ist dies in der unten stehenden Abbildung zu sehen.

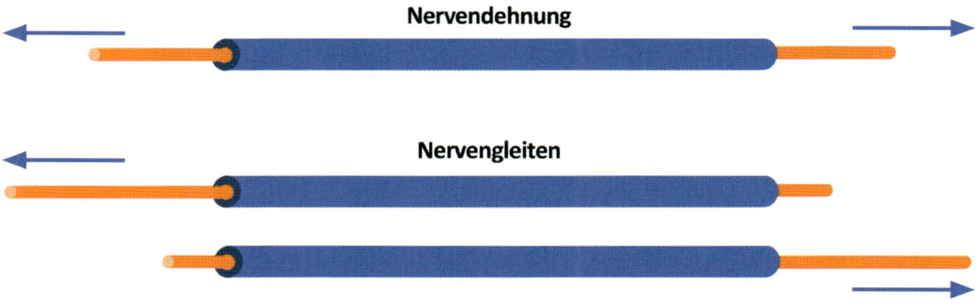

Nervendehnübungen:

Bei der Dehnung kommt der Nerv unter Zug. Wichtig sind die Intensität und Zeitdauer bei diesen Dehnübungen, da die Versorgung und der Stoffwechsel der Nerven auf Zug sensibel reagieren. Eine kurze Dauer von ca. 2-3 Sekunden belebt sogar den axonalen Transport (siehe Seite 44).

Nervengleitübungen:

Bei strukturellen Bewegungseinschränkungen (Verklebungen) des Nervs mit seinen umgebenden Strukturen hingegen, die das Gleiten der Nerven gegenüber ihrer Umgebung verhindern, lösen diese Nervengleitübungen besonders gut die Verklebungen, ohne den Nerv zu belasten.

Nervendehnübungen

Dehnung des nervus radialis:

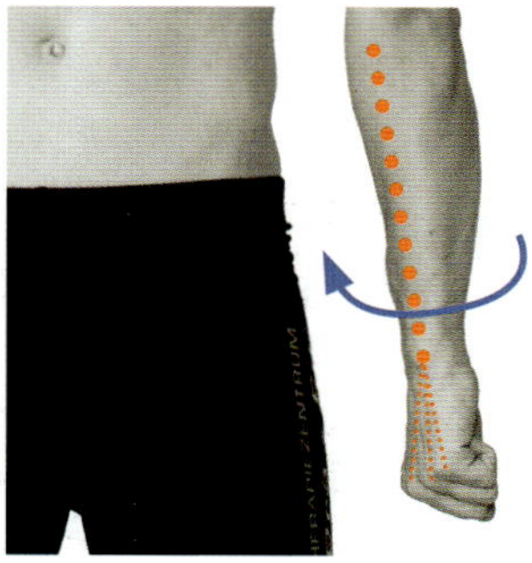

ASTE: Schultern und Arme locker hängen lassen und die Finger zu einer Faust ballen. Die Faust nach innen drehen.
Beugen Sie nun Ihr Handgelenk. Dabei sollte schon eine leichte Spannung spürbar werden.
Man kann diese Nervenmobilisierung beidseits symmetrisch so lange halten bis die Nervenspannung zu schmerzen beginnt. Sie können sich bei der Übung auch immer nur auf eine Extremität konzentrieren.

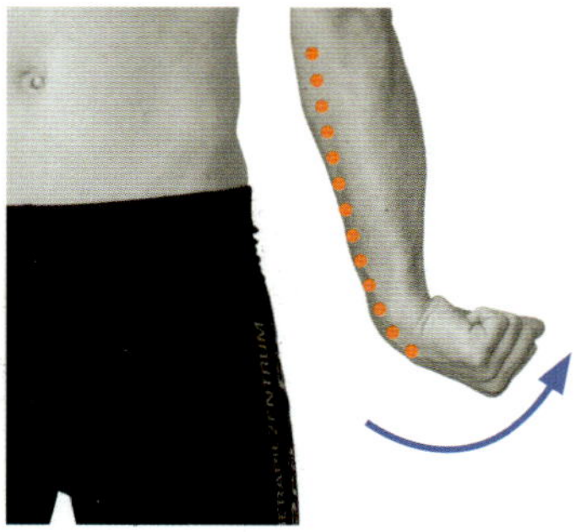

Nachdem Sie ihre Hände in Position gebracht haben, heben Sie ihre Arme langsam seitlich vom Körper weg, bis eine Spannung über den Handrücken oder den Armen spürbar wird, ohne dass diese schmerzt. Die Dehnung für 2-3 Sekunden halten, danach die Arme wieder senken, ohne die Stellungen ihrer Hände und Finger aufzulösen. Wiederholen sie diese Übung 10 mal. Danach schütteln Sie die Arme und Finger aus. Ein warmes kribbelndes Gefühl sollte durch diese Übung in den Fingern bis in die Arme aufsteigen. Achten Sie darauf ihre Schultern nicht zu heben.

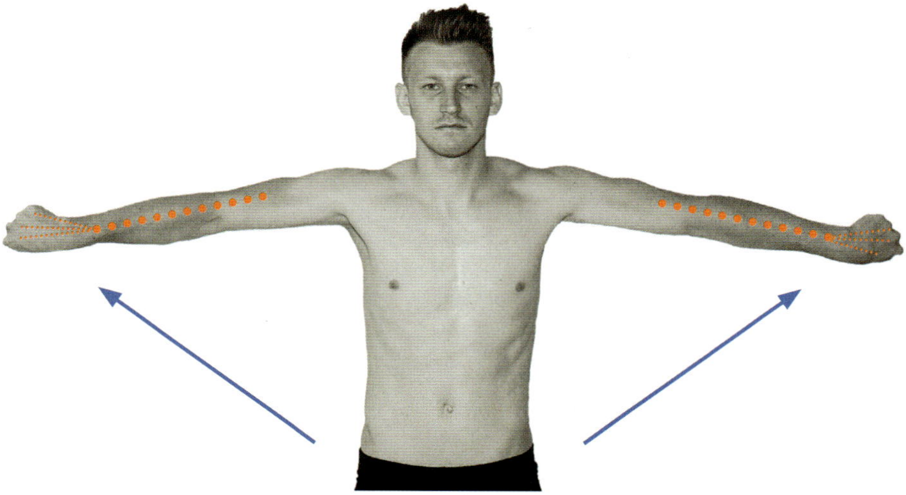

Dehnung des nervus medianus:

ASTE: Lassen Sie ihre Schultern und Arme locker hängen. Spreizen Sie ihre Finger und strecken ihre Handflächen nach hinten. Nun drehen Sie ihre Arme nach außen und heben Sie diese gestreckt langsam hoch, bis ein Zug in der Extremität (in den Fingern bis in die Unterarme) spürbar wird. Halten Sie auch bei dieser Mobilisierung wiederum die Spannung 2-3 Sekunden an und wiederholen Sie die Übung 10 mal.

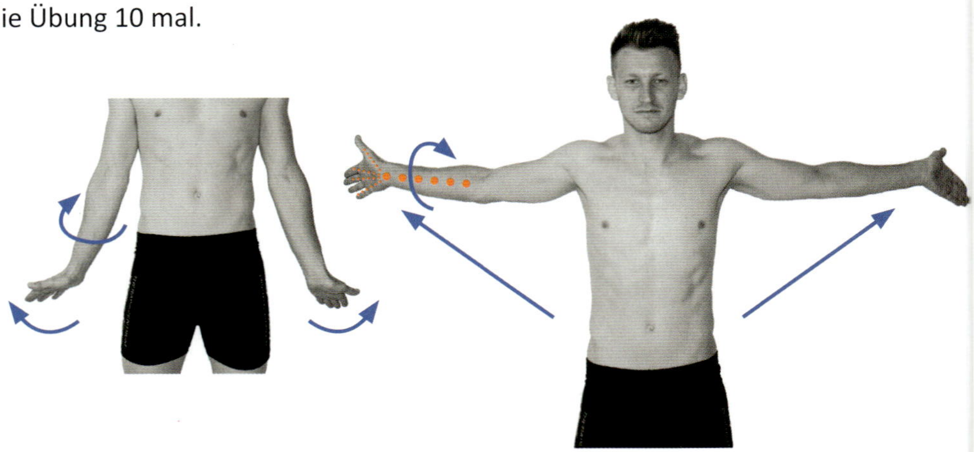

Dehnung des nervus ulnaris:

ASTE: Stützen Sie ihre Finger am Kiefergelenk ab und spannen Sie durch das seitliche Hochziehen des Ellbogens den Nerv im Unterarm, sodass Sie vom Unterarm (außen) bis zu den zwei Kleinfingern ein Ziehen spüren.

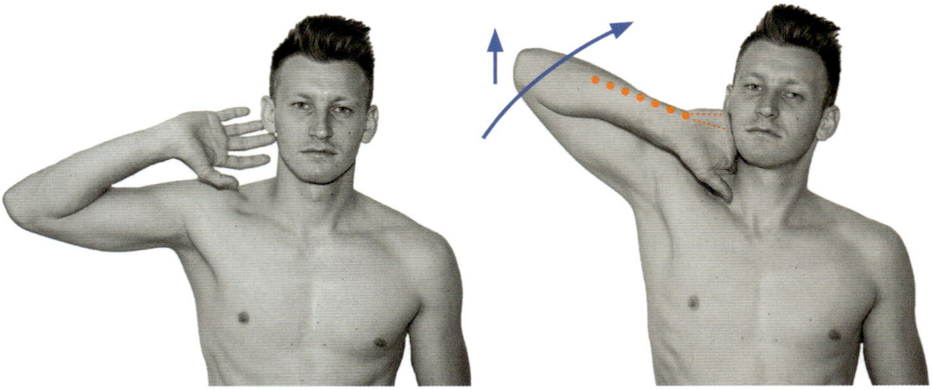

Die Nervengleitübungen:

ASTE: Aufrechter Sitz. Strecken Sie gleichzeitig ihren Kopf, ihren Oberschenkel und zusätzlich noch die Fußschaufel einer Seite. Dabei dürfen Sie ein Ziehen aber keinen Schmerz in der Kniekehle oder sogar im Bein spüren. Nach 2-3 Sekunden können Sie ihren Kopf und den Unterschenkel wieder senken. Beugen Sie Ihren Kopf nun (Kinn zur Brust) und ihre Knie (90 Grad) und halten diese Position wiederum 2-3 Sekunden. Sie können einen Zug im Nacken bzw. Rücken spüren. Während der Übung sitzen Sie symmetrisch auf beiden Gesäßhälften, nehmen eine saubere Haltung mit geradem aufrechten Sitz ein und bewegen den Rumpf

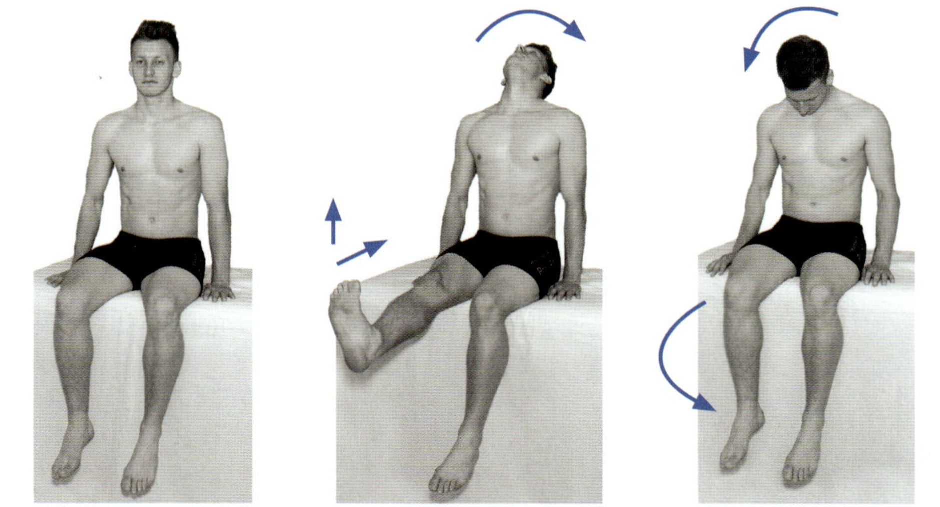

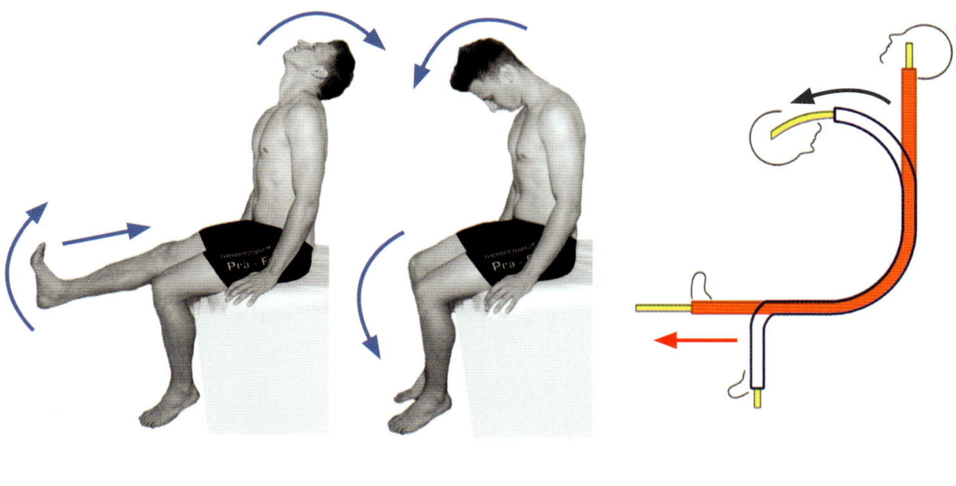

nicht. Beüben Sie jede Seite 10 mal. Bei Besserung der Seitenunterschiede oder Verringerung des Zuges können Sie die Übung mehrmals am Tag durchführen.

9.4. Fasziendehnung mit der Rolle

Momentan herrscht ein regelrechter Boom um das Thema Faszien im Sport. Laut neuen Erkenntnisse wird nicht nur das Mitwirken, sondern der Hauptgrund, für Sprung- und Federkräften, der Eigenschaft der Faszien zugeschrieben. Faszien überziehen die gesamten Muskeln im Körper und stehen als ganze Ketten miteinander in Zusammenhang. Sie werden bei Bewegungen wie eine Feder gespannt, und lassen bei ausholenden Bewegungen, explosionshaft ihre Energie frei.

Anatomisch und histologisch muss man den großen Begriff Faszie aber unterteilen. Es mag korrekt sein, dass all diese Gewebe in die Großfamilie Bindegewebe zuzuordnen sind, aber sie unterscheiden sich alle in Zusammensetzung und Funktion. Es gibt die Faszie als lockere zarte Hülle um jede Muskulatur, deren Hauptaufgabe das Gleiten gegenüber den anderen Muskelfaszien ist. Sie produziert ihre Flüssigkeit zum Gleiten selbst und bietet durch das Umhüllen eine Barriere gegen Entzündungen. Anders sind die festeren derben Faszienzüge, über ganze Körperregionen, die ineinander übergehen und zusammenhängen und statische und dynamische Bewegungsaufgaben haben.

Teile dieser derben Faszien sind unter der Haut (anatomisch) gut sichtbar, wie der *tractus* des Oberschenkels, die *fascia thoracolumbalis* oder die Logen im Unterschenkel (siehe dazu Abb. auf Seite 31).

Sehr populär sind derzeit die Rollen mit den dazugehörigen Übungen zum Fasziendehnen, um in erster Linie die Faszienverklebungen zu lösen. Diese können sich durch Mikrotraumen bei Überlastung, wie nach einem intensiven Lauf, bilden. Wie bei einem Muskelkater könnte man hierbei von einem Faszienkater reden (siehe Seite 60).
Wenn man die Fasziendehnung in Eigendehnung durchführen will, verwendet man eine Rolle, über die man sich bei der Dehnung des *tractus* quer mit seinem Oberschenkel legt und über diese rollt. Es gibt unterschiedliche Rollen zu kaufen. Hier empfehle ich für die Rolldauer (Fasziendehnung) auf sein Körpergefühl zu hören.
Die Faszienrolle darf nicht zu hart sein, damit sie nachgeben kann und das Gewebe nicht verletzt. Die Rollen sind meist aus Kunststoff, können aber auch aus anderen Materialien gemacht sein, wie in der unten gezeigten Abbildung aus Kork.

Die einfachste Rolle können sie sich selber basteln. Ein ca. 40 cm langes Kunststoffrohr (0,5 cm stark mit 10 cm Durchmesser) kaufen und mit einer dazu passenden 1,5 cm dicken Schaumisolierung überziehen. Dies bekommen sie in jedem Baumarkt für ein paar Euro. Wichtig ist zu erwähnen, wann die Rollendehnungen durchgeführt bzw. nicht durchgeführt werden sollen. Hier gelten für mich die gleichen Vorgaben wie beim Muskeldehnen.

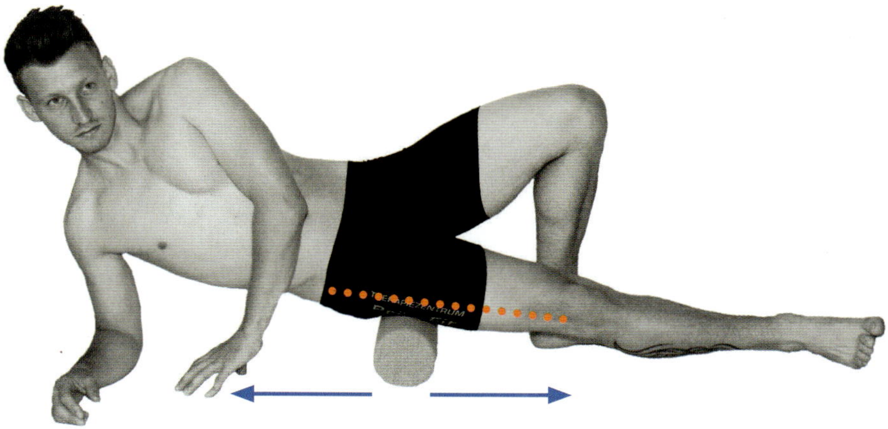

Für die verschiedenen Fasziendehnungen empfehle ich das Buch von Dr. Christoph Lukas: "Faszienbehandlung mit der Blackroll".

Faszientraining

Es gibt eine Vielzahl von Übungen zum Qualitätserhalt der Faszien. Intuitiv wurden immer schon einige dieser Übungen im Training, vor Wettkämpfen oder nach dem Aufwärmen gemacht. Aus dem Fernsehen kennt man den Speerwerfer mit seinen federnden Ausholbewegungen vor einem Wurf oder den Sprinter mit ein paar hohen Sprüngen vor dem Eintreten in seine Startbox. Der Sportler versucht mit dieser Bewegungsabfolge einerseits seine Faszien zu aktivieren, die Muskeldurchblutung, den Stoffwechsel und den Muskeltonus zu erhöhen und andererseits sich mental auf seinen Wurf bzw. Lauf vorzubereiten. Dieses Aufwärmen betrifft natürlich auch all die anderen Strukturen wie Bänder, Sehnen, Faszien usw.

Unter www.fascial-fitness.de finden Sie all die aktuellen Übungen zum Faszientraining.

9.5. Dehnübungen

9.5.1. Großer Kopfwender (musculus sternocleidomastoideus)

Ist ein zweiteiliger Muskel und entspringt mit einem Teil vom Brustbein und mit dem zweiten Teil vom brustbeinnahen Drittel des Schlüsselbeins. Er zieht zum brustwarzenförmigen Fortsatz hinter dem Ohr *(processus mastoideus)* und zur oberen Nackenlinie.

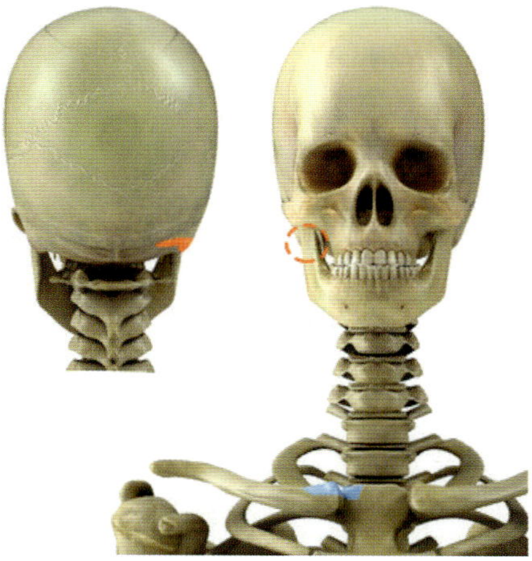

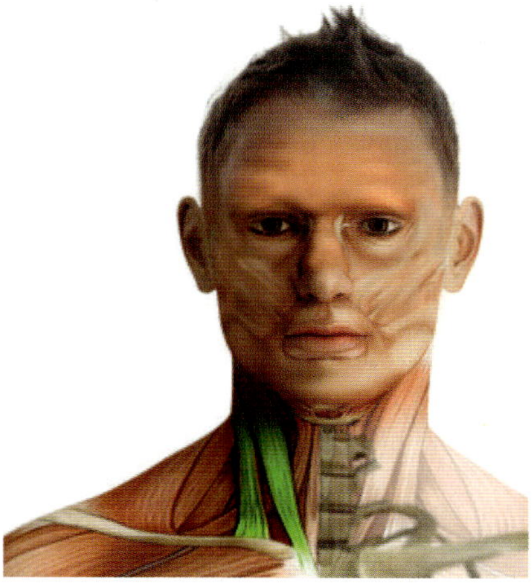

Er dreht den Kopf zur anderen Seite, während er ihn zur gleichen Seite neigt. Bei beidseitiger Aktivität des Muskels ist seine Funktion das Kopf heben.

Dehnübung:

ASTE: Im Sitz. Neigen Sie ihren Kopf zuerst, dann drehen Sie ihn zur gleichen Seite und strecken den Kopf nach hinten, bis Sie einen Zug spüren.

⚠ Seien Sie bei der Ausführung, speziell bei Halswirbelsäulenproblemen behutsam.

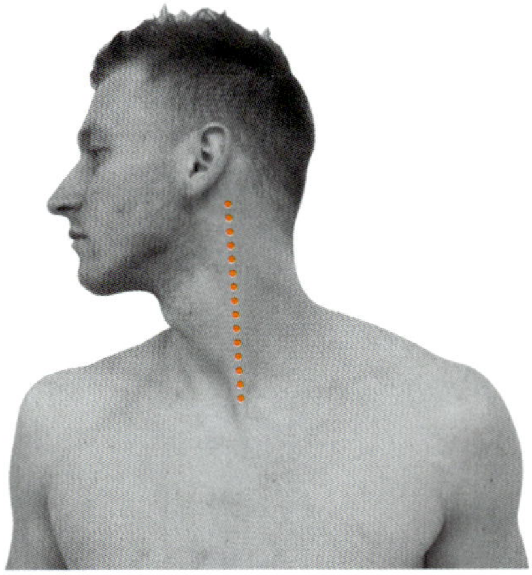

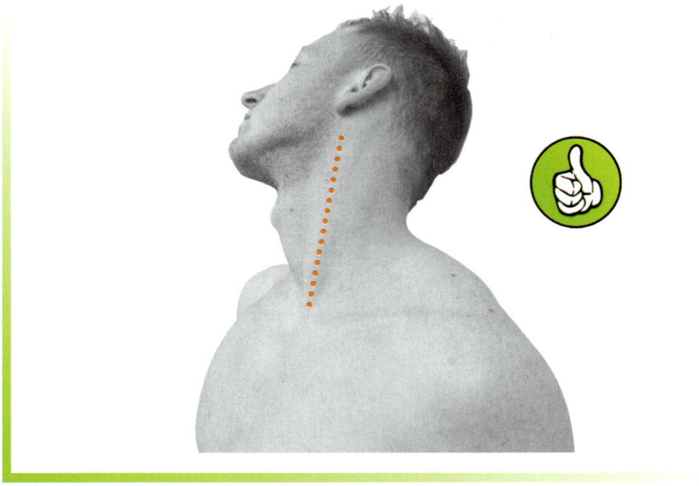

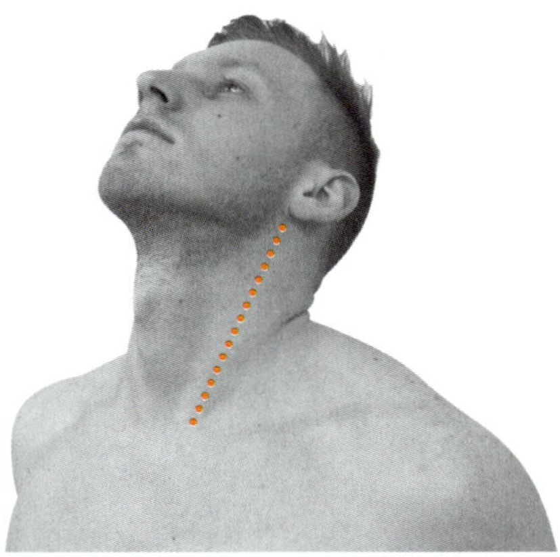

9.5.2. Deltamuskel (musculus deltoideus)

Ist ein dreiteiliger Muskel, der am seitlichen Drittel des Schlüsselbeins, am *akromion* und am Unterrand des Schulterblattdorns entspringt und zur Rauhigkeit des Muskels am Oberschenkelknochen zieht.

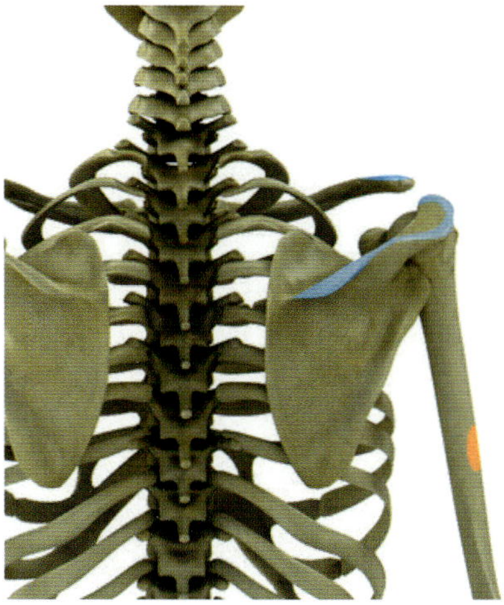

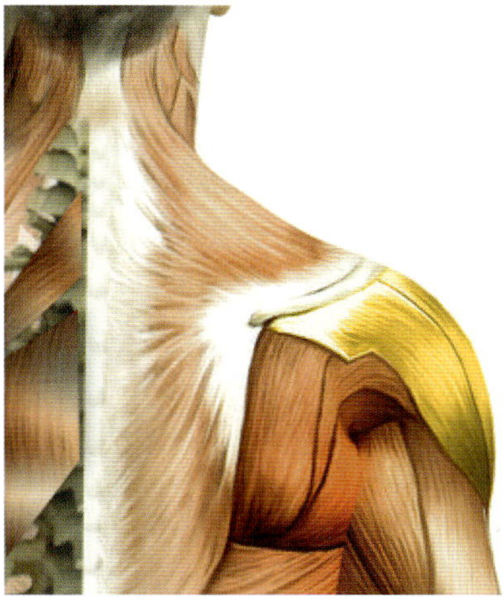

Er ist der wichtigste seitliche Armheber (Abduktor). Die vorderen Teile führen ein Nachvorneheben des Armes und eine Einwärtsdrehung (Innenrotation) durch, die hinteren Anteile ein Nachhintenstrecken und eine Auswärtsdrehung (Außenrotation) des Armes.

Variante 1:

ASTE: Aufrechter breitbeiniger Stand. Greifen Sie mit ihrer zweiten Hand den zu dehnenden Arm des Deltamuskels am Oberarm und ziehen den gestreckten waagrecht haltenden Arm zur gegenüberliegenden Schulter. Wenn Sie die Schulter dabei leicht heben kommen die Deltamuskeln noch mehr unter Zug. Beim Waagrechthalten der Schulter werden eher die Außenrotatoren gedehnt.

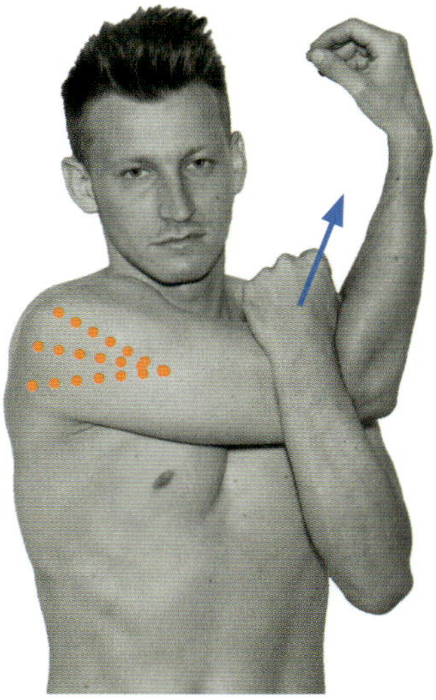

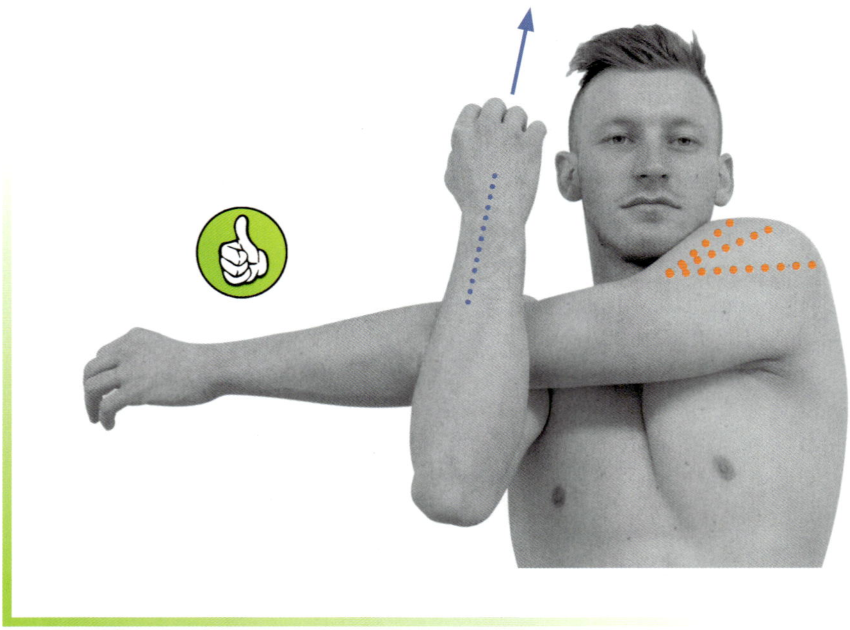

Langsam und vorsichtig die Spannung bei der Dehnung aufbauen. Oberarm waagrecht halten. Sie können auch den zu dehnenden Arm im Ellbogengelenk beugen. Halten Sie ihren Kopf (Halswirbelsäule) gerade.

Variante 2:

Die Beschreibung zu dieser Dehnvariante finden Sie beim rautenförmigen Muskel (siehe Seite 135). Bei dieser Dehnung kommen hintere Teile des Deltamuskels unter Zug.

9.5.3. Großer Brustmuskel (musculus pectoralis major)

Der große Brustmuskel entspringt mit drei Anteilen von der Mitte des Schlüsselbeins (nahe des Brustbeins) vom Brustbein selbst (und deren angrenzenden Rippen der Brustwirbel 2.-6.) und vom vorderen Faszienblatt des geraden Bauchmuskels. Der Muskel setzt an der Leiste des größeren Muskelansatzhöckers des Oberarmknochens an.

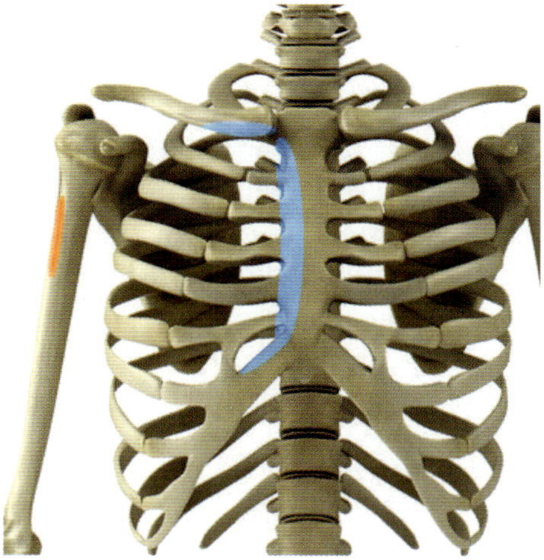

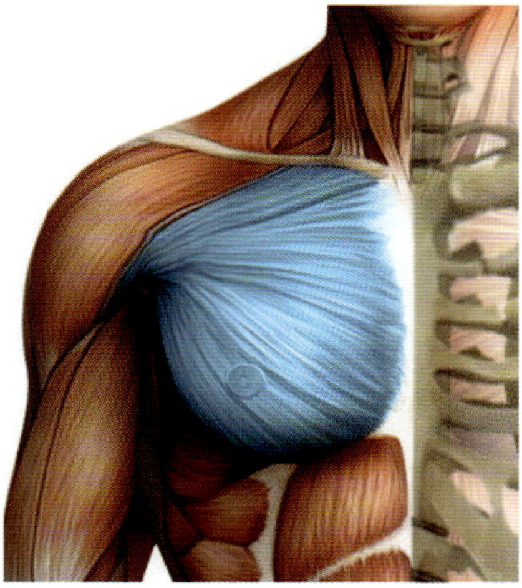

Bei seitlich gehobenem Arm können die Schlüsselbein- und Brustbeinanteile des Muskels den erhobenen Arm mit Kraft und Schnelligkeit nach vorne senken, eine Bewegung, die man vom Kraulschwimmen her kennt. Er kann den Arm an den Rumpf bringen (adduzieren) und nach innen rotieren. Die Brust- und Bauchanteile hingegen können gemeinsam die Schulter nach vorne senken. Bei festgestellter Extremität ist er ein Hilfsmuskel bei der Einatmung (oft gesehen bei Läufern im Zielbereich, die mit den Armen ihren Oberkörper auf den Oberschenkeln gebeugt abstützen, um leichter durchzuatmen).

Variante 1:

ASTE: In Rückenlage: Stellen Sie ihre Beine auf, um nicht im Hohlkreuz zu liegen. Eine gute Dehnfähigkeit vorausgesetzt, verschränken Sie ihre Hände hinterm Kopf und legen ihre Ellbogen seitlich am Boden ab. Dabei dehnt man nicht nur die beidseitigen großen Brustmuskel, sondern auch die darunterliegenden kleinen.

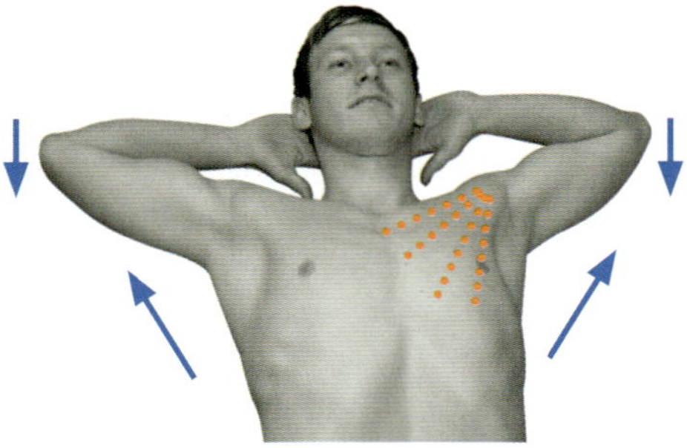

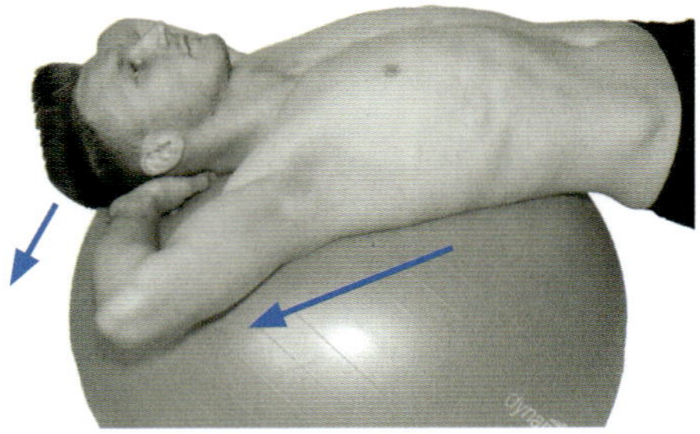

Bei dieser Dehnübung wird der gesamte Brustwirbel (bzw. Brustkorb) in Streckung gebracht, man mobilisiert die Brustwirbelsäule mit. Auf einem Gymnastikball liegend kann man die Übung intensivieren. Achten Sie hier besonders auf eine gute Stabilisierung der Halswirbelsäule. Spannen Sie ihre Bauchmuskeln an um einem Hohlkreuz vorzubeugen. Es sollten nur der obere Brustkorb und Nacken am Ball aufliegen (Nabel aufwärts).

Variante 2:

ASTE: Schrittstellung. Auf der zu dehnenden Seite steht das Bein hinten. Strecken Sie ihren Arm in Schulterhöhe aus und stützen sich mit ihrer Handfläche an der Wand ab bis der Zug am großen Brustmuskel spürbar wird.

Durch die gestreckte Armhaltung kommen alle Strukturen des Armes unter Zug. Insbesondere der Plexus (Nervengeflecht) der oberen Extremität. Um diesen auszuschalten und das Augenmerk auf die Dehnung des Brustmuskels zu legen muss man im Ellbogengelenk beugen und den gesamten Unterarm an der Wand abstützen. Wenn Sie nun noch ihren Kopf und Rumpf vom rechten Arm (den sie an der Wand abstützen) wegdrehen, verstärken Sie die Dehnung im Brustmuskel spürbar. Die Schrittstellung stabilisiert ihre Lendenwirbelsäule, verhindert ein Hohlkreuz und bringt eine bessere Dehneffektivität. Ziehen Sie ihre Schulter bei der Dehnung nicht hoch.

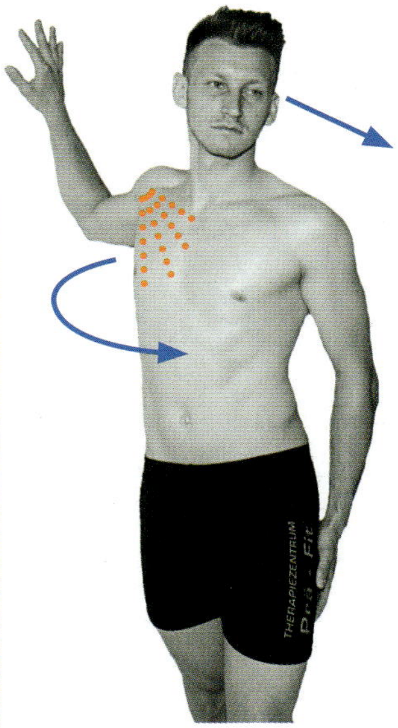

In dieser Perspektive erkennt man die, bei dieser Dehnübung einzunehmende Haltung besser. Durch die Variation der Ellbogenhöhe können bei der Dehnung unterschiedliche Brustmuskelanteile erreicht werden.

Variante 3:

Hierbei wir die Ecke eines Raumes benutzt, um sehr einfach und effektiv beide Brustmuskeln gleichzeitig zu dehnen. ASTE: Schrittstellung. Gehen Sie soweit in die Ecke, bis ihre Unterarme die Wand berühren. Auch hier entscheidet die Abstützhöhe der Ellbogen über die bevorzugt gedehnten Anteile des Brustmuskels. Nach der Einstellung der Dehnhöhe schieben Sie den Oberkörper langsam nach vorne, bis die Dehnung in den Brustmuskeln spürbar wird.

Beugen Sie bei dieser Übung beide Arme im Ellbogengelenk damit die restlichen Strukturen, speziell die Nervengeflechte geschont bleiben. Beachten Sie, dass Sie ihre Schultern nicht hochziehen.

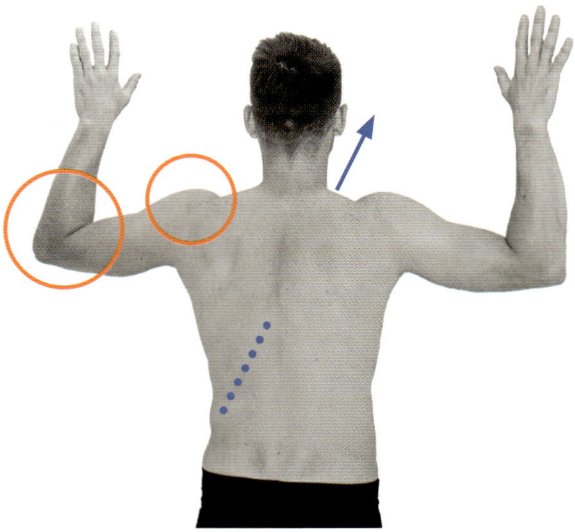

Variante 4:

ASTE: Hüftbreiter Stand. Mit Zuhilfenahme eines Handtuchs beide Brustmuskeln gleichzeitig dehnen. Dazu das Handtuch vor dem Körper fest mit beiden Händen fixieren. Wählen Sie einen passenden Abstand und führen sie dann langsam mit gestreckten Armen das Handtuch hinter den Kopf. Der gewählte Abstand sollte zu einer angenehmen Spannung der Brustmuskeln führen.

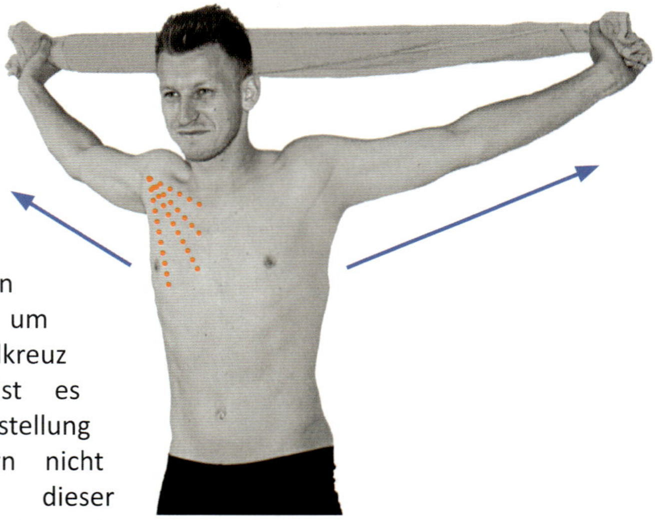

Bauchmuskeln anspannen um einem Hohlkreuz vorzubeugen. Dazu ist es notwendig in Schritstellung zu gehen. Schultern nicht hochziehen. Bei dieser Dehnung auf die Belastung der Schultergelenke achten.

9.5.4. Zweiköpfiger Oberarmbeuger (musculus biceps brachii)

Der „Bizeps“ entspringt mit seinen zwei Köpfen, einmal oberhalb des kleinen Höckers der Schulterpfanne (langer Kopf) und einmal am rabenähnlichen Fortsatz des Schulterblattes (kurzer Kopf). Sie vereinigen sich in der Höhe des Deltamuskelansatzes. Danach setzten sie trotzdem wieder getrennt, einmal als kräftigere Sehne an der Speiche an und einmal als flächigere Sehne in die Aponeurose des Muskels um letztendlich in die Unterarmfaszie über zu gehen. Er ist ein zweigelenkiger Muskel. Mit dem langen Kopf hebt er den Oberarm seitlich ab (abduziert) und dreht ihn einwärts. Der kurze Kopf zieht den Oberarm an den Brustkorb heran (adduziert). Mit beiden Anteilen wirkt er beim Armheben nach vorne mit. Im Ellenbogengelenk beugt er und wirkt als starker Auswärtsdreher des Unterarmes (Supinator).

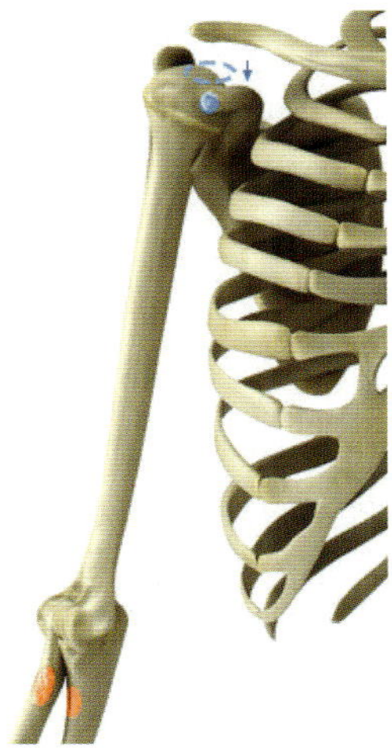

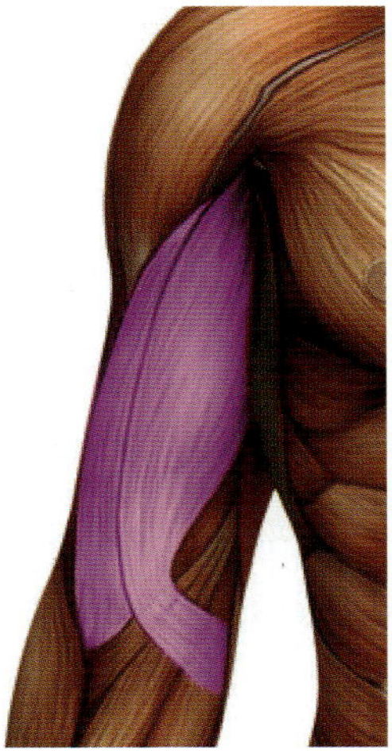

Variante 1:

ASTE: Aufrechter breitbeiniger Stand. Strecken Sie ihren zu dehnenden Arm im Ellbogengelenk, drehen ihn nach außen und umgreifen Sie das Handgelenk mit ihrer anderen Hand. Führen Sie den Arm zur Mitte, so adduzieren Sie ihn, was zu einer Dehnung der langen Bicepssehne führt. Führen Sie den Arm aber von der Körpermitte weg zur Seite, so abduzieren Sie den Arm, was zu einer Dehnung der kurzen Bicepssehne führt.

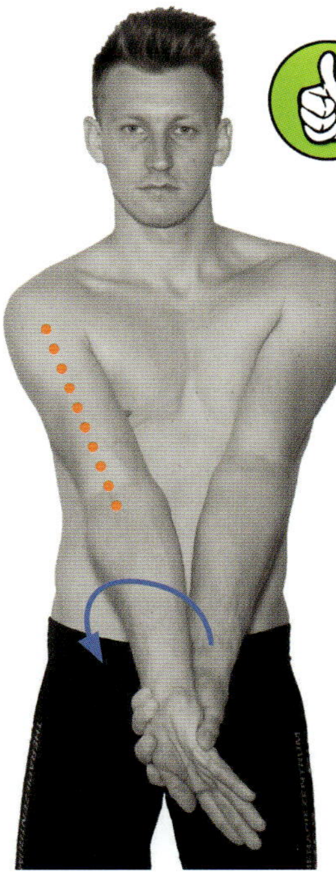

Seien Sie langsam und behutsam mit den Ausführungen. Ziehen Sie die Schulter nicht hoch.

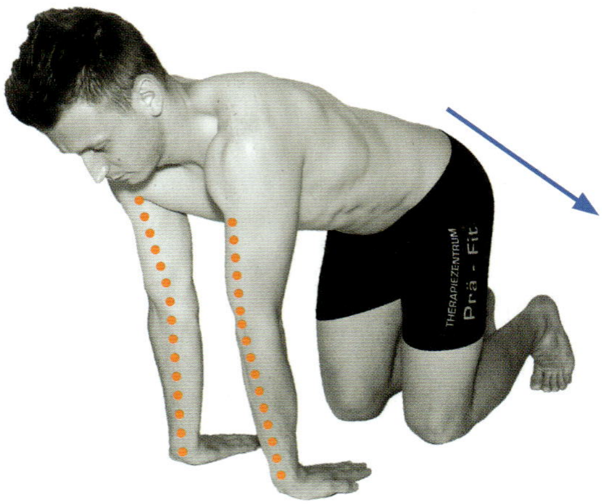

Variante 2:

Es werden bei dieser Dehnung auch Unterarmbeuger und der *musculus brachioradialis* mitgedehnt.

ASTE: Im Vierfüßler drehen Sie ihre gestreckten Arme nach außen, sodass ihre Finger in Richtung ihrer Knie zeigen. Um die Spannung der Dehnung in den Bicepsmuskeln zu steigern gehen Sie mit ihrem Gesäß langsam in Richtung Ferse.

⚠ Das Handgelenk sollte bei dieser Übung bewegungsfrei sein. Um die Wirbelsäule zu stabilisieren, spannen Sie die Bauchmuskeln an.

Variante 3:

ASTE: Aufrechter Sitz. Arme durchgestreckt, die Handflächen mit den Fingern nach hinten gerichtet auf das Bett legen. Den Oberkörper leicht nach hinten neigen bis Sie die Dehnung spüren.

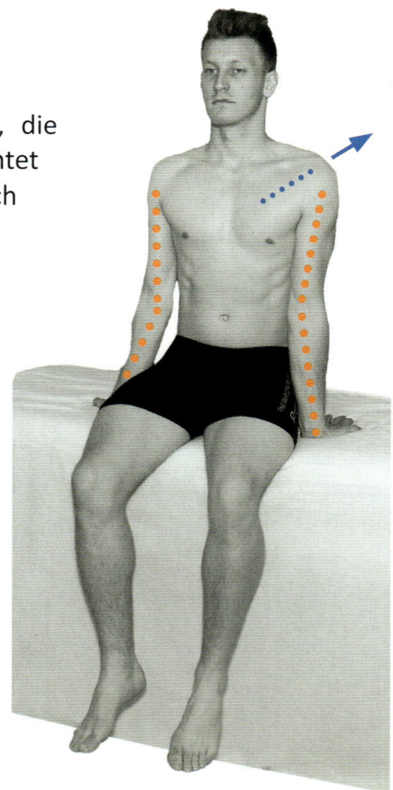

⚠ Achten Sie auf ihre Halswirbelsäulenhaltung und überstrecken Sie ihren Kopf nicht. Belasten Sie beim Sitzen beide Gesäßhälften symmetrisch.

9.5.5. Unterarmbeuger

(musculus pronator teres, musculus flexor digitorum superficialis et profundus, musculus flexor carpi radialis, musculus palmaris longus, musculus flexor pollicis longus)

Vereinfacht haben all diese Muskeln einen gemeinsamen Ursprung über dem inneren Gelenkhöcker des Oberarms und ziehen übers Handgelenk zu den einzelnen Fingern und dem Daumen (außer *pronator teres*). Diese Muskeln sind zuständig für die Beugung des Ellbogengelenkes, der Finger, des Daumens und Handgelenkes.

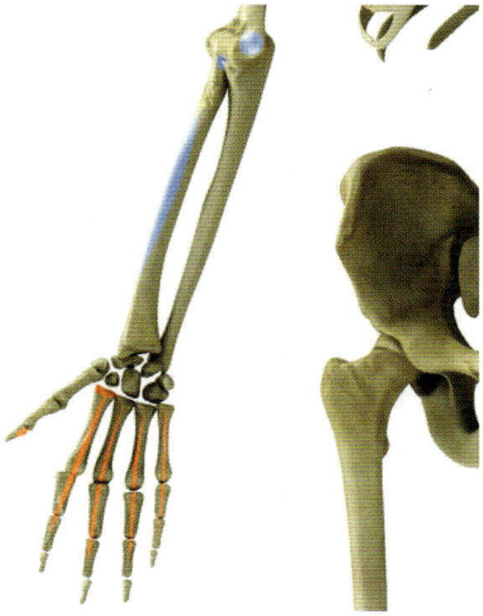

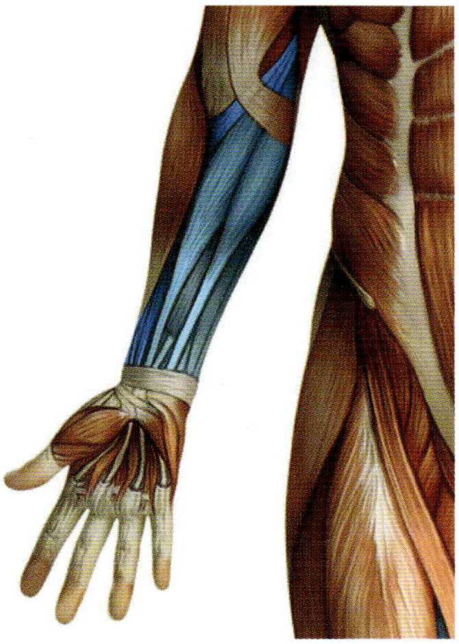

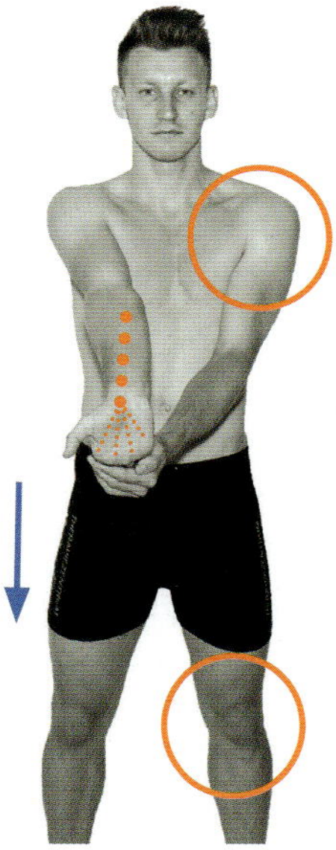

Variante 1:

Eine sehr bekannte Dehnvariante.

ASTE: Breitbeiniger Stand. Öffnen Sie ihre Hand und strecken den Arm aus. Überstrecken Sie schmerzfrei ihre Finger nach hinten, bis Sie eine Dehnung an den Unterarmbeugern spüren. Verstärken Sie die Dehnung mit einer Streckung im Ellbogengelenk. Verschärfen Sie die Dehnung, in dem Sie die Finger einmal einwärts und einmal auswärts drehen.

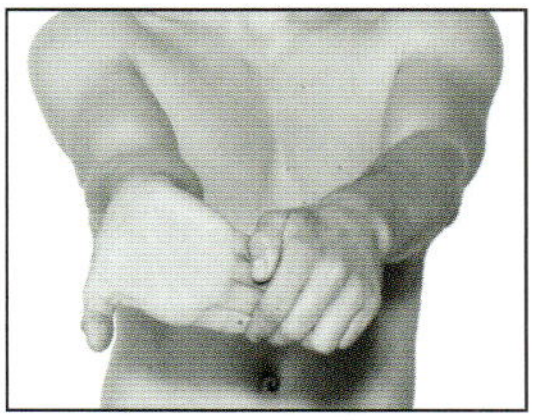

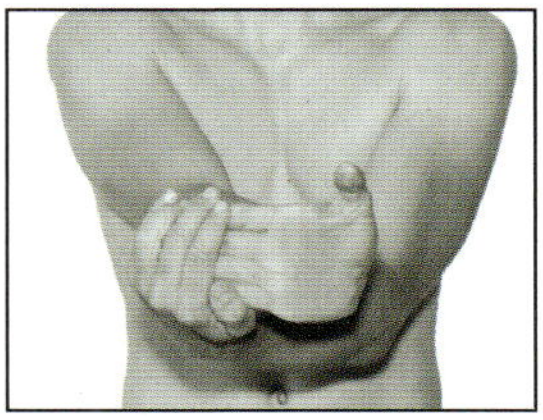

Langsam und mit Bedacht die Dehnungen und Endpositionen einnehmen. Die Schultern locker lassen und nicht heben. Das Handgelenk braucht für diese Ausführung der Dehnung eine gute Beweglichkeit. Nicht die Knie durchstrecken, damit Sie nicht im Hohlkreuz stehen.

Variante 2:

ASTE: Im Vierfüßler die Handgelenke soweit nach hinten strecken, dass Sie ihre Handinnenflächen am Boden abstützen können. Die Finger zeigen in Richtung Knie. Wenn für Sie der spürbare Zug im Unterarmbeuger zu schwach ist, dann verschärfen Sie die Übung indem Sie mit dem Gesäß Richtung Ferse gehen.

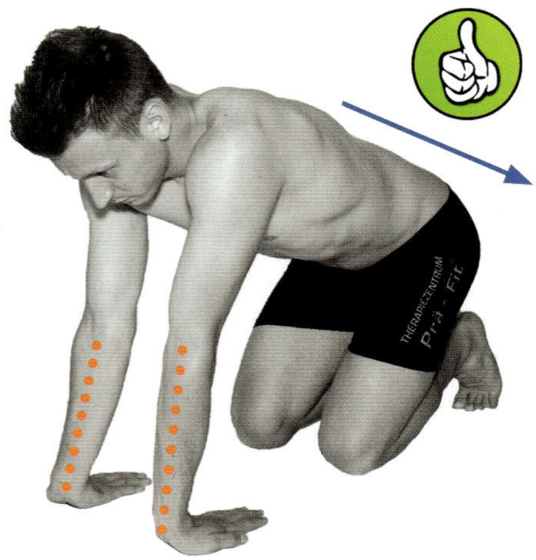

Achten sie auf ihre Kopfstellung. Ihre Handgelenke müssen gut beweglich sein. Sie können ihre Knie mit einem Polster unterlagern. Kein Hohlkreuz oder Rundrücken machen. Wenn Sie mit dem Gesäß Richtung Ferse gehen verstärken Sie die Dehnung (wie auf dem Bild).

Variante 3:

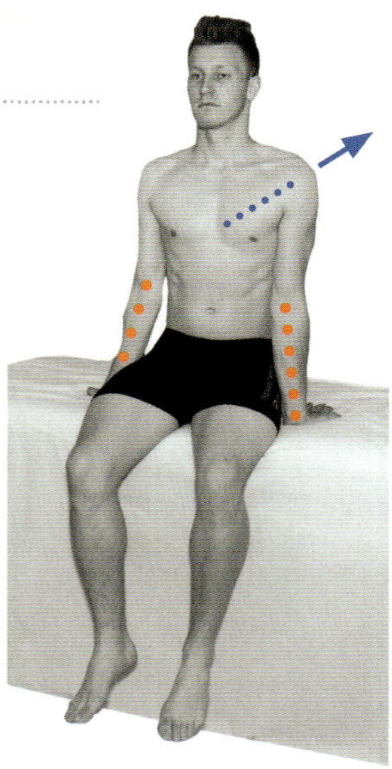

ASTE: Im aufrechten Sitz. Strecken Sie ihre Handgelenke und stützen Sie sich darauf mit gestreckten Armen ab bis Sie einen Zug spüren. Zum verschärfen der Dehnung können Sie mit dem Oberkörper ganz leicht nach hinten gehen.

Sitzen Sie gerade und spannen Sie die Bauchmuskeln an um ihre Wirbelsäule zu stabilisieren.

9.5.6. Lenden-Darmbein-Muskulatur (musculus iliopsoas)

Die Muskulatur besteht aus zwei Anteilen, dem *musculus psoas* (Lende) und dem *musculus iliacus* (Darmbein). Der psoas entspringt von den Seitenflächen des 12. Brustwirbels, den 1-4. Lendenwirbels und den Querfortsätzen des 1-5. Lendenwirbels. Der *iliacus* entspringt aus der Darmbeinschaufel. Zusammen werden beide Muskel von der *fascia iliaca* umhüllt und bilden den *musculus iliopsoas*. Sie ziehen durch das Leistenband zum Rollbügel des Oberschenkelknochens.
Der *iliopsoas* ist ein Kraftbeuger, im Stehen ist er der wichtigste Muskel für das Gehen, also das Vorheben des Beines. Im Liegen hebt er den Oberkörper an. Er ist auch ein Außenrotator im Hüftgelenk. Der *psoas* kann außerdem die Wirbelsäule seitwärts neigen.

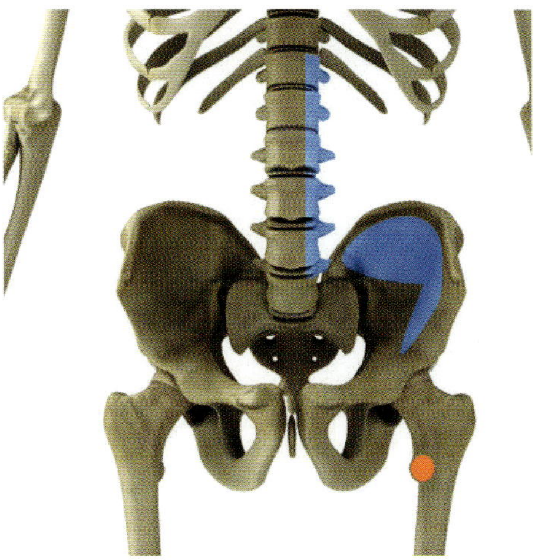

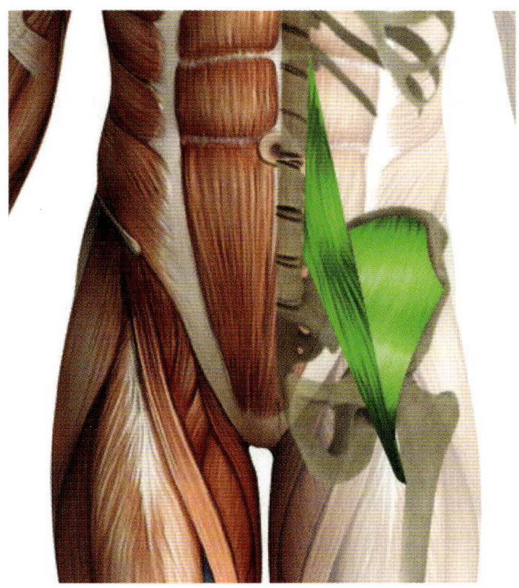

Variante 1:

ASTE: Ziehen Sie, in Rückenlage liegend, ein Bein gegen den Rumpf und halten es, während das zu dehnende Bein einfach hängen gelassen wird. Normalerweise reicht diese Stellung schon, damit Sie einen Zug am Muskel spüren. Sonst ziehen Sie einfach noch die Ferse zu sich nach hinten und verstärken so ihre Dehnung.

Obwohl das zweite Bein gehalten wird, um dem Hohlkreuz bzw. der Beckenkippung nach vorne vorzubeugen, sollten Sie besser ihre Bauchmuskeln anspannen und ihre Lendenwirbelsäule auf das Bett drücken.

Der Vorteil dieser in Rückenlage auszuführenden Dehnvariante ist die sehr sensible Möglichkeit der Dosierung der Intensität und der einfachen Kontrolle über die Ausweichbewegungen.

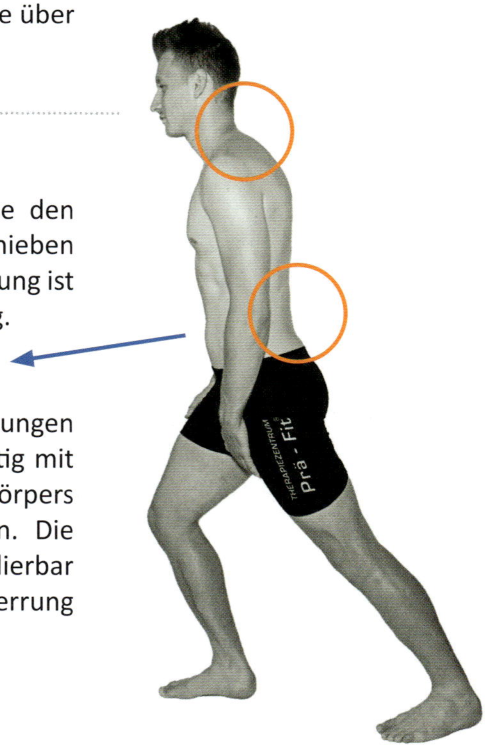

Variante 2:

ASTE: Im Ausfallschritt erreichen sie den Zug der Dehnung durch das Vorschieben ihres Beckens (Rumpfes). Diese Dehnung ist eine leichte, keine intensive Dehnung.

Bei den nächsten Dehnübungen sehr sensibel und vorsichtig mit dem Gewicht des Oberkörpers in die Dehnspannung hinein gehen. Die Dosierung ist schwerer kontrollierbar und Sie könnten sich leicht eine Zerrung zufügen.

Variante 3:

ASTE: Ausfallschritt im Kniestand. Legen Sie ihr hinteres Knie am Boden ab und richten Sie ihre Zehen nach vorne. Stützen Sie ihre Arme auf das vordere Knie, wobei Sie ihre Ferse am Boden halten. Neigen Sie nicht ihren Oberkörper, sondern schieben Sie ihr Becken (die Hüfte) nach vorne. Mit der Verdrehung des Oberkörpers zur nicht gedehnten Seite, verstärkt man die Dehnung.

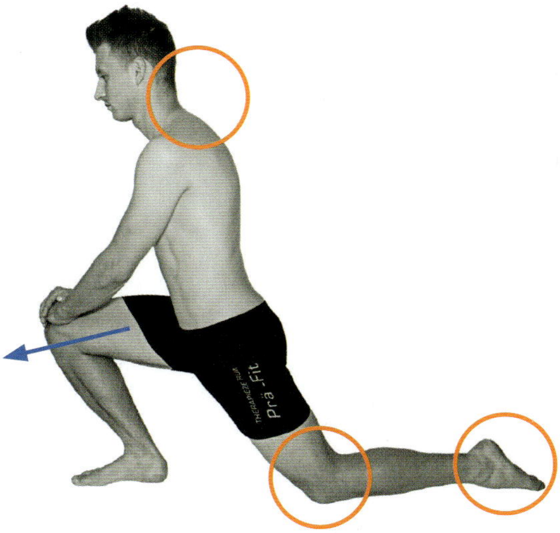

Unterlagern Sie die Knieschheibe mit einem Handtuch oder einem Polster. Lassen Sie Ihre Fußschaufel (Fußrist) wie auf dem Bild locker, stellen Sie sie nicht auf.

Variante 4:

ASTE: Nehmen Sie einen Hocker in Kniehöhe zu Hilfe. Steigen Sie im Ausfallschritt mit dem vorderen Bein auf den Hocker und stützen Sie sich dabei auf das vordere Knie. Schieben Sie nun ihre Hüfte für diese Dehnung soweit nach vorne bis eine Spannung im Muskel spürbar wird.

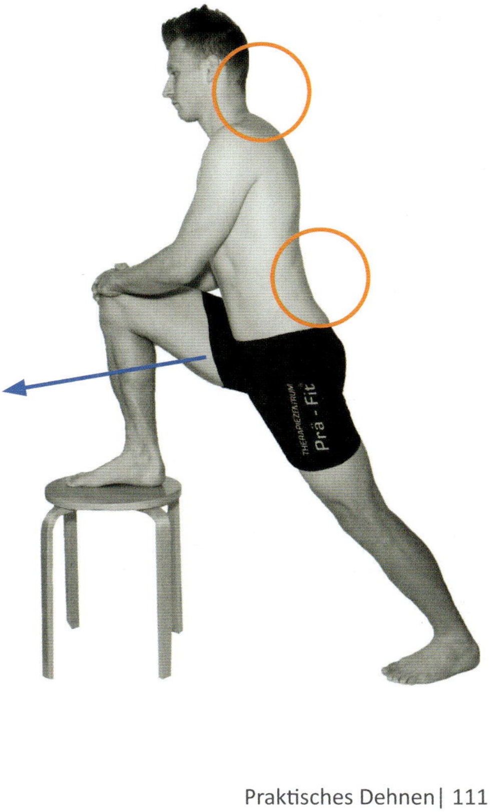

Das zweite Bein nicht ganz durchstrecken. Auf die Stellung der Füße achten. Diese sollten beide nach vorne zeigen. Nicht den Oberkörper vorneigen. Mit der leichten Verdrehung des Oberkörpers zur nicht gedehnten Seite kann man die Dehnung verstärken.

9.5.7. Adduktoren (musculi adductores)

Zu den Adduktoren des Oberschenkels zählen der *musculus adduktor longus, magnus* und *minimus*. Wenn man bei der Einteilung nach der Funktion des Muskels geht, dann gehören noch der *musculus obturator externus, musculus gracilis* und *musculus pectineus* dazu. Hauptaufgabe dieser Muskelgruppe ist die Adduktion (Heranziehen des Beines) und meist die Auswärtsdrehung in der Hüfte. Sie entspringen alle am Schambeinast bis auf den *pectineus*, der vom Schambeinkamm kommt. Sie ziehen fächerförmig zur Innenkante des Oberschenkelknochens, vom kleinen Rollbügel entlang bis zum kleinen Adduktorenhöcker. Ausnahme ist der *gracilis*, der zur Knieinnenseite, zum *pes anserinus superficialis*, zieht.

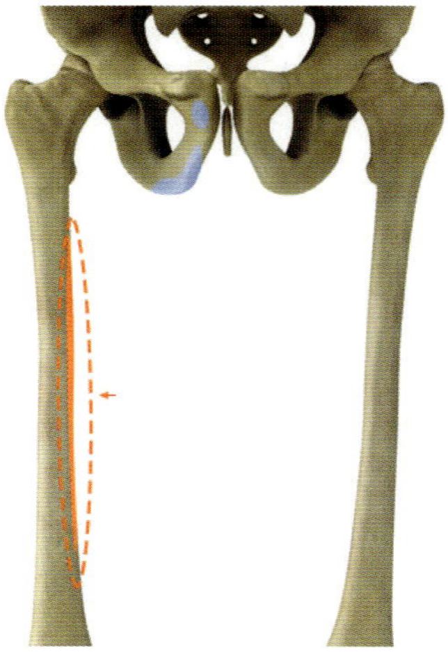

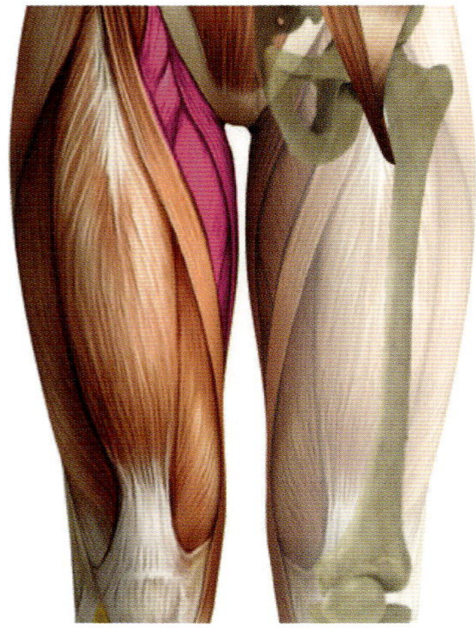

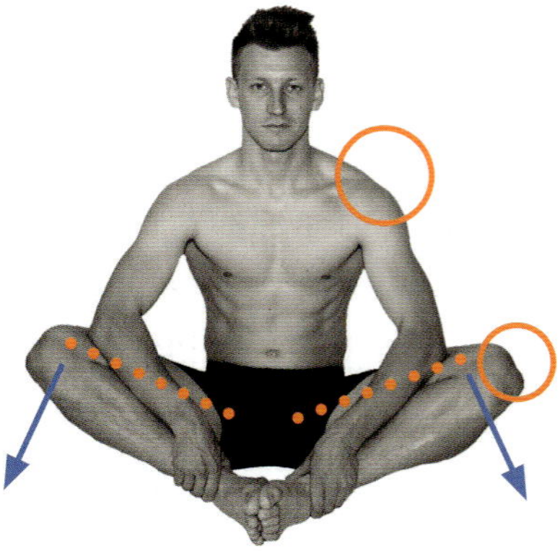

Variante 1:

ASTE: Legen Sie im Schneidersitz beide Fußsohlen aneinander. Sitzen Sie aufrecht und legen Sie ihre Ellbogen auf ihre Knie. Führen Sie ihre Fußsohlen zusammen und halten Sie mit ihren Händen die Sprunggelenke oder die Zehen. Schieben Sie die Fersen gegen das Gesäß und drücken Sie mit den Ellbogen die Knie zum Boden bis ein Ziehen der Adduktoren spürbar wird. Eine leichte Oberkörperneigung verstärkt die Dehnung.

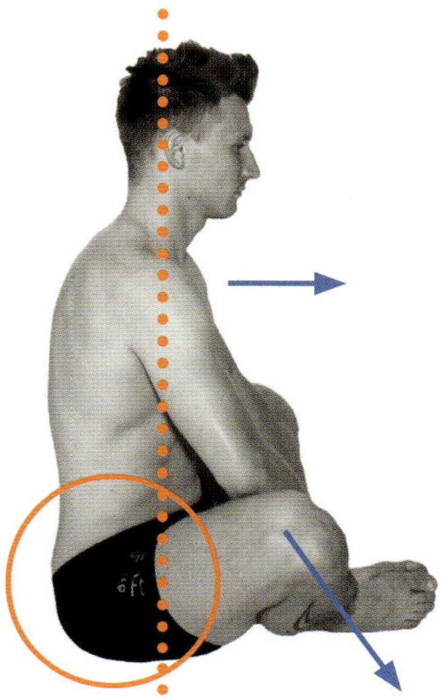

⚠ Eine gute Hüft- und Kniegelenkigkeit ist Grundvoraussetzung für diese Dehnvariante. Bei Problemen und Schmerzen rate ich davon ab. Auf die Beckenhaltung achten, Becken nach vor kippen damit sie nicht nach hinten ausweicht und die Dehnintensität abnimmt. Keinen Rundrücken machen, daher Bauchmuskeln anspannen. Die Schultern nicht hochziehen.

Variante 2:

Eine ähnliche Dehnübung wie zuvor mit dem Unterschied, dass die Ausgangsstellung in Rückenlage und die Schwerkraft bei der Dehnung sehr behilflich ist.

ASTE: Bequem in Rückenlage liegend, legen Sie ihre Fersen aneinander und nähern Sie sie dem Gesäß. Danach lassen Sie sanft die Knie nach außen fallen, bis ein Zug an den Adduktoren spürbar wird.

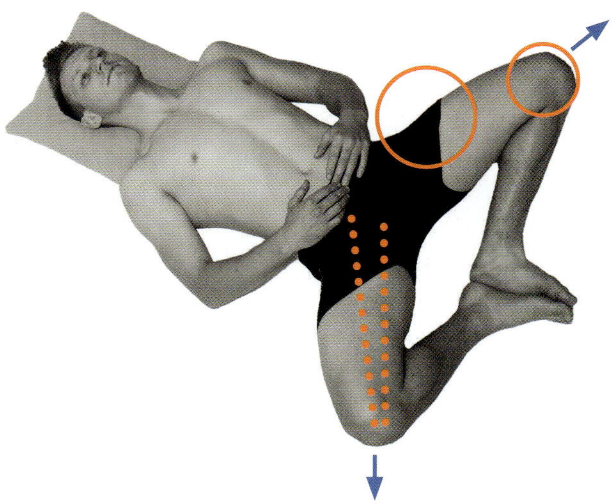

⚠ Die Lendenwirbelsäule ist nicht genügend gesichert, wodurch es zu einem Hohlkreuz in der Lendenwirbelsäule kommen kann. Bauchanspannen und bewusst das Becken nach hinten kippen bzw. die Lendenwirbelsäule bewusst auf den Untergrund drücken, wäre ratsam. Sie können auch mit einem Handtuch das Hohlkreuz unterlagern. Gute Gelenkigkeit von Hüfte und Knie sind auch hier Grundvoraussetzung für diese Dehnvariante.

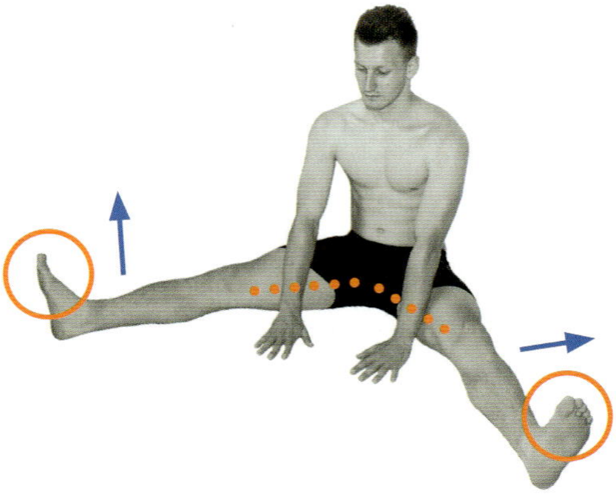

Variante 3:

ASTE: Spreizen Sie am Boden sitzend die gestreckten Beine seitlich ab und sitzen Sie so aufrecht wie möglich (Grätschensitz).

Eine außergewöhnliche Position für diese Dehnung wäre in Rückenlage. Die Beine müssten in diesem Fall an der Wand abgestützt werden. Von der ASTE her wie bei dieser Dehnungsübung. Der Vorteil ist eine bessere Haltung für eine optimale Dehnung, in der jede weiterlaufende Bewegung gestoppt wird.

Lassen Sie ihre Fußschaufeln locker, damit das Nervensystem im Bein nicht überstrapaziert wird. Diese Dehnung zielt auch auf die hintere Oberschenkelmuskulatur. Durch Beckenkippung nach vorne und Vorneigung des Oberkörpers wird die Dehnung für diese Muskeln verstärkt.

Variante 4:

ASTE: Stehen Sie sehr breitbeinig und stützen Sie sich mit den Händen vorne am Boden ab. Langsam immer mehr die Beine in Richtung einer Grätsche spreizen, bis Sie die Dehnspannung an den Adduktoren spüren. Nach der Dehnung wieder schrittweise die Beine heranziehen. Eine leichtere Variation dieser Dehnübung wäre, sich nach dem Einrichten der ASTE vorgebeugt mit den Händen auf einer Bank oder einem Sessel, statt am Boden abzustützen. Dadurch wird die Lendenwirbelsäule geringer belastet.

Auch bei dieser Dehnvariante ist eine gute Beweglichkeit Voraussetzung. Diese Dehnung ist ähnlich der vorigen Übung, aber nur durch das Rumpfeigengewicht intensiver.

Variante 5:

ASTE: Machen Sie einen seitlichen Ausfallschritt, sodass das zweite Bein gestreckt wird. Stützen Sie ihre Arme an der Taille ab. Halten Sie ihren Oberkörper aufrecht, während Sie aber den Schwerpunkt auf das gebeugte Bein verschieben, bis ein deutlicher Zug der Adduktoren spürbar wird. Vorteil dieser Dehnung ist, dass man die Intensität sehr gut dosieren kann.

Das Sprunggelenk des gestreckten und das Knie des gebeugten Beines werden belastet. Achten Sie beim gebeugten Knie auf ihre Beinachse.

Variante 6:

ASTE: Eine Variation der vorherigen Übung mit einem kleinen Unterschied in der Ausgangsstellung. Ausfallschritt nach vorne, sodass das abgewinkelte vordere Bein senkrecht zum durchgestreckten zu dehnenden hinteren Bein steht. Stützen sie ihren Oberkörper auf dem vorderen Knie ab. Schieben Sie ihr Körpergewicht aus der Hüfte nach vor in Richtung gebeugtes Knie, bis eine Dehnspannung an den hinteren Adduktoren spürbar wird.

Achten Sie auf die Stellung der Beinachsen des vorderen abgewinkelten Beines.

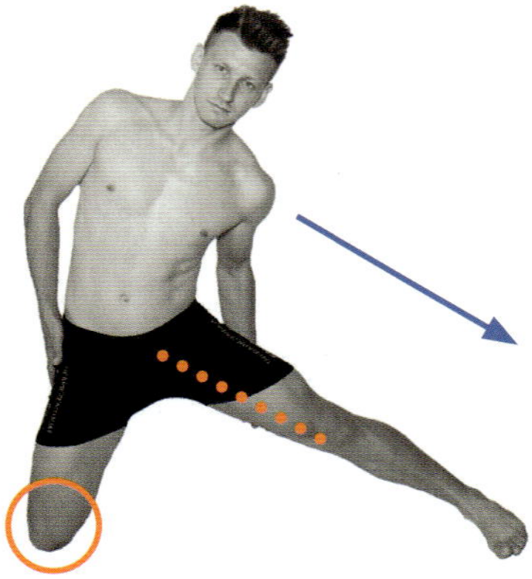

Variante 7:

Noch eine ähnliche Variante der 5. Dehnübung. ASTE: Stehen Sie anfangs breitbeinig und halten Sie ihre Füße parallel. Beugen Sie daraufhin ein Bein und stützen Sie sich auf das Knie ab. Nun strecken Sie ihr zweites Bein seitlich weg und legen ihren Oberkörperschwerpunkt darüber, bis eine Dehnspannung in den Adduktoren spürbar wird.

Bei Knieschmerzen bzw. Problemen im Kniebereich ist diese Übung nicht zu empfehlen bzw. nicht durchführbar. Sprunggelenk und Hüfte des gestreckten Beines können belastet werden.

Variante 8:

ASTE: Bei dieser Dehnung, die eigentlich auch nur eine Variante der vorigen ist, wird das vordere gebeugte Bein in Schrittstellung auf einem Gegenstand abgestützt. Halten Sie ihren Oberkörper gerade. Schieben Sie ihr Becken nach vorne, bis eine Spannung auf die Adduktoren kommt. Je nach Stellung des gestreckten Beines spannt man auch die ischios oder die quadriceps Anteile. Eine kleine Variation wäre die Arme zwischen den Beinen mit dem Oberkörper hängen zu lassen.

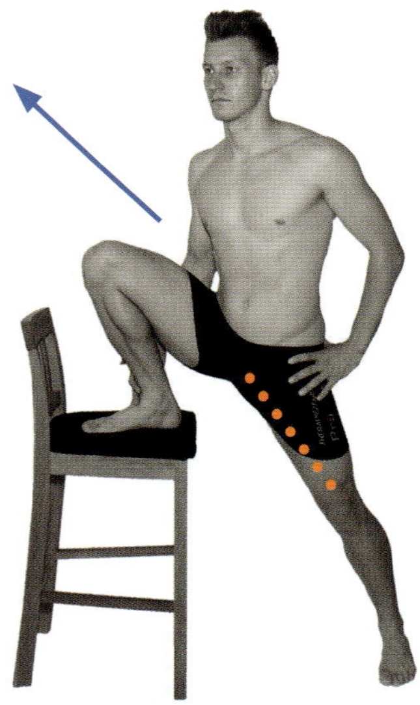

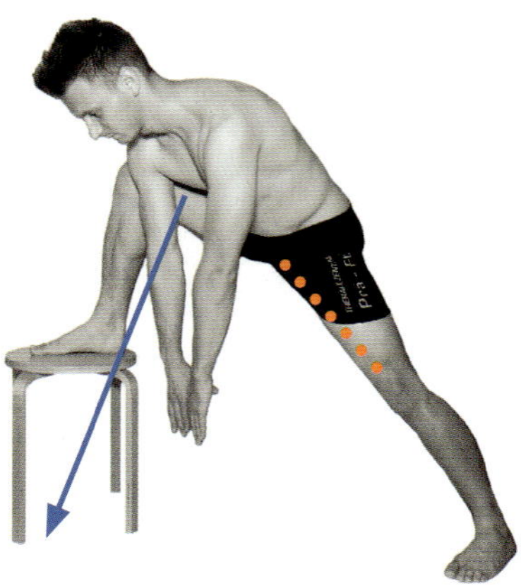

Diese dargestellte Übung ist eine Mischvariante, um die Gesäßmuskeln und teils die quadriceps Muskulatur und sogar iliopsoas Anteile mitzudehnen.

9.5.8. Vierköpfiger Oberschenkelmuskel (quadriceps femoris)

Der Muskel besteht aus 4 Anteilen, die sich zu einer gemeinsamen Sehne vereinigen, die durch die Kniescheibe geht und am Schienbein ansetzt. Die vier Anteile entspringen an der Vorderfläche des Oberschenkelknochens und des vorderen unteren Darmbeindorns. Dieser Muskel ist zweigelenkig. Das bedeutet, er bewegt sowohl im Hüftgelenk als auch im Kniegelenk. In der Hüfte beugt er und im Kniegelenk streckt er. Daher ist beim Dehnen dieses Muskels sehr wichtig, nicht nur den körperfernen Anteil (distalen), sondern auch den körpernahen Anteil (proximalen) zu erreichen.

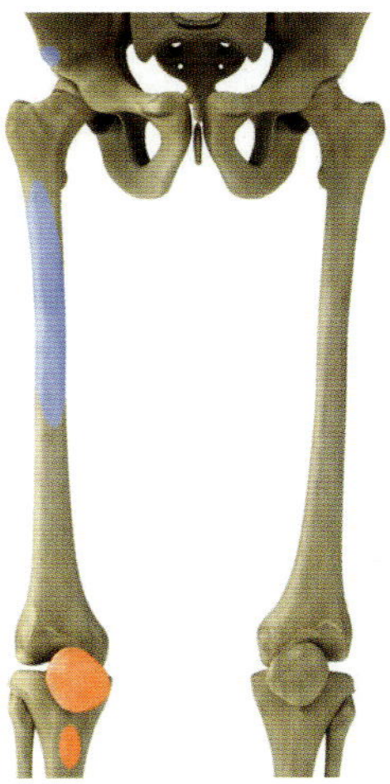

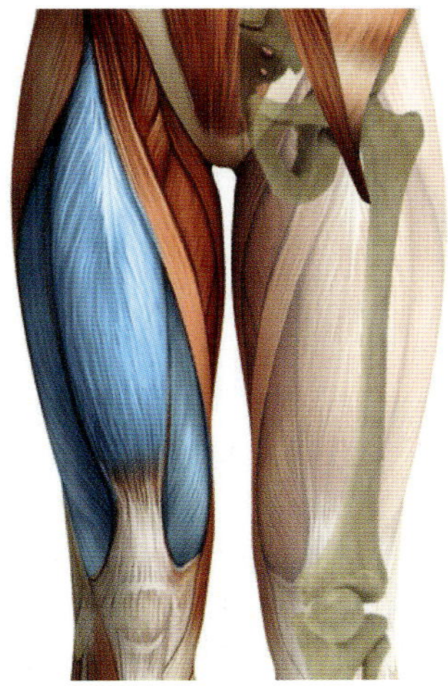

Variante 1:

Bei dieser ersten Variante der Dehnübung, die bei Läufern und Fußballern sehr beliebt ist, werden meist nur die distalen Anteile des Muskels gedehnt.

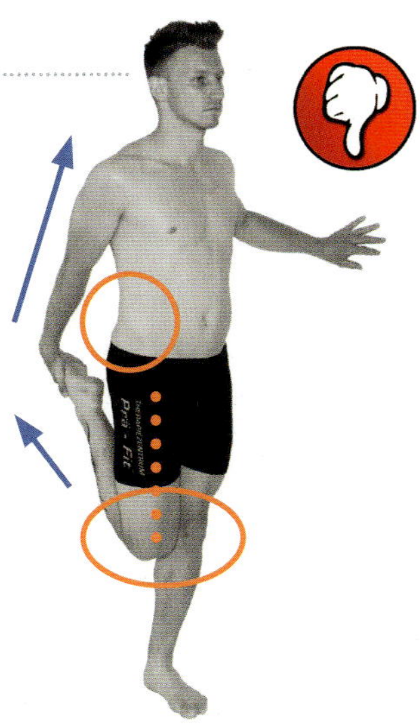

ASTE: Einbeinstand. Umfassen Sie mit einer Hand das Sprunggelenk, des zu dehnenden Beines, und ziehen Sie ihre Ferse zum Gesäß, bis eine Spannung im vorderen Oberschenkelmuskel spürbar wird.

Hüfte und Oberkörper werden meist nicht stabilisiert und das Kniegelenk wird im Standbein überstreckt, womit sie ins Hohlkreuz fallen. Dagegen hilft das Anspannen der Bauchmuskeln. Achten sie auch auf die Beckenposition. Ein vorgekipptes Becken vermindert den Dehnungseffekt. Dies führt, bei gut gedehntem distalem Quadricepsanteil zu einer maximalen Beugung im Kniegelenk bis ein Zug überhaupt spürbar wird. Bei Knieschmerzen ist diese ASTE nicht zu empfehlen bzw. schmerzbedingt unmöglich. Achten Sie auch darauf, den Oberschenkel nicht zur Seite zu spreizen. Wenn man mit der gegenüberliegenden Hand die Zehen ergreift verhindert man ein Abspreizen des Oberschenkels. Dabei sollte man aber im Rumpf (Kreuz) und in den Schultergelenken noch beweglich genug sein. Auch die Kopfhaltung (Haltung der Halswirbelsäule) ist, wie bei allen anderen Dehnungen, wichtig. Mit der freien Hand kann man sich, zwecks des besseren Gleichgewichtes, an der Wand oder an etwas anderem festhalten.

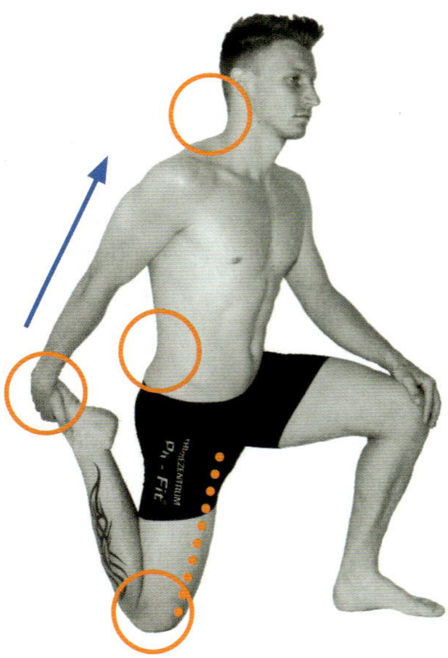

Variante 2:

ASTE: Im Kniestand stützen Sie mit dem hinteren Knie den Körper am Boden ab und ergreifen mit der freien Hand den Fußrücken. Dabei ziehen Sie die Ferse Richtung Gesäß. Für ein besseres Gleichgewicht halten sie sich mit ihrer freien Hand an der Wand oder einem Gegenstand fest. So werden sowohl die distalen als auch die proximalen Anteile des Muskels und etwas vom *musculus Iliopsoas* mitgedehnt.

Vermeiden Sie ein Hohlkreuz durch das Anspannen der Bauchmuskulatur und achten sie auf ihre Hüftposition. Bei Knieschmerzen ist diese Variante nicht empfehlenswert. Hier empfiehlt es sich ein Handtuch unters Knie zu legen. In der Halswirbelsäule nicht überstrecken.

Variante 3:

ASTE: Ergreifen Sie in Bauchlage ihren Fußrücken (Fußrist) und ziehen die Ferse zum Po, bis ein Ziehen im Oberschenkel spürbar wird. Eine gute Beweglichkeit ist bei dieser Dehnung für eine korrekte Ausführung notwendig. Auch bei dieser Variante wird eher der distale Anteil des Muskels gedehnt.

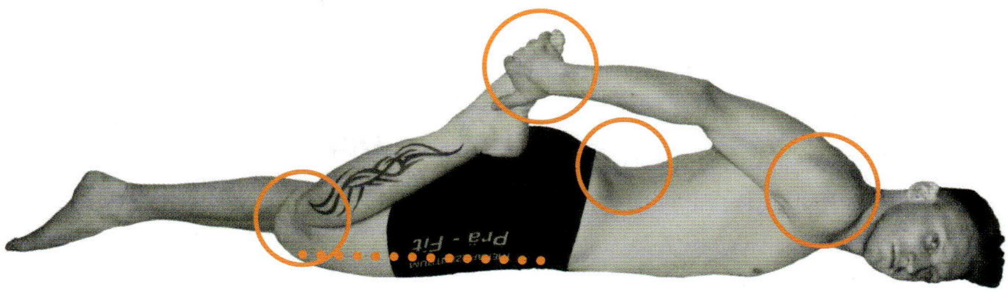

Wenn die Bauchmuskeln nicht genug angespannt sind bzw. der Bauch nicht mit einem Handtuch unterlagert wird, rutscht ihr Becken sehr leicht mit nach vorn und ihr Hohlkreuz wird stärker. Hierdurch spüren Sie erst bei einer fast maximalen Beugung des Kniegelenks einen Zug im Oberschenkelmuskel. Sie können den Unterschenkel im Kniegelenk beim Heranziehen verdrehen. Dies sieht man sehr gut in der Abbildung der Dehnübung Variante 4.

Meine empfohlene Dehnposition:

ASTE: Legen Sie sich in Bauchlage und unterlagern Sie mit einem kleinen Handtuch das Hohlkreuz und legen ihren Kopf auf die Seite. Unter dem Oberschenkel (kurz über dem Kniegelenk) kommt ein Polster. Durch die Zuhilfenahme eines Handtuches oder Therabandes, das Sie um ihr Sprunggelenk wickeln, können Sie mit der Dehnübung beginnen. Spannen Sie die Bauchmuskeln an und drücken das Becken auf die Unterlage, bis proximal ein Ziehen spürbar wird. Vergessen Sie aber nicht gleichzeitig das Handtuch soweit heranzuziehen (Ferse Richtung Po ziehen) bis auch distal ein Zug spürbar wird. Mit dieser Variante der Dehnübung brauchen Sie einerseits nicht mehr das Kniegelenk maximal zu beugen (zu überlasten) und andererseits nicht beim Stehen das Gleichgewicht (die Haltung) korrigieren.

Variante 4:

ASTE: In Bauchlage. Ziehen Sie, auf einem Bett oder einer Liege liegend, mit einer Hand die Ferse zum Gesäß, bis Sie einen Zug im Oberschenkelmuskel spüren. Durch das schräge Liegen auf der Unterlage haben Sie ein bewusstes Gefühl für die Position Beckens, das Sie auf die Unterlage drücken sollen. Dadurch kommt auch der proximale Anteil dieses Muskels unter Zug.

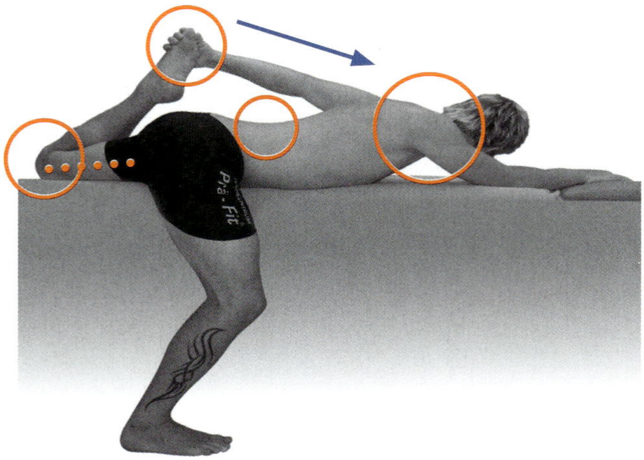

Zusätzlich zur maximalen Beugung und Verdrehung im Kniegelenk kann es durch die falsche Haltung der rechten Schulter und des Kopfes zu einer Verstärkung des Hohlkreuzes und Überstreckung der Halswirbelsäule kommen. Daher wäre besser, wenn Sie ihren Arm herunterhängen lassen, um flacher zu liegen. Eine gute Beweglichkeit ist bei all diesen Dehnungsübungen Grundvoraussetzung, wenn Sie mit der Hand den Fuß am Sprunggelenk ergreifen wollen. Hier können Sie ein Theraband, ein Handtuch oder ein Seil zur Hilfe nehmen, das ihnen die ASTE gemütlicher macht.

Variante 5:

ASTE: Legen Sie sich in Seitenlage auf eine Matte und greifen Sie, wie bei den vorherigen Varianten ihren Fußrücken am Sprunggelenk an. Beugen Sie im Knie und ziehen Sie ihre Ferse (des zu dehnenden Beines) gegen ihr Gesäß bis Sie eine Dehnspannung spüren.

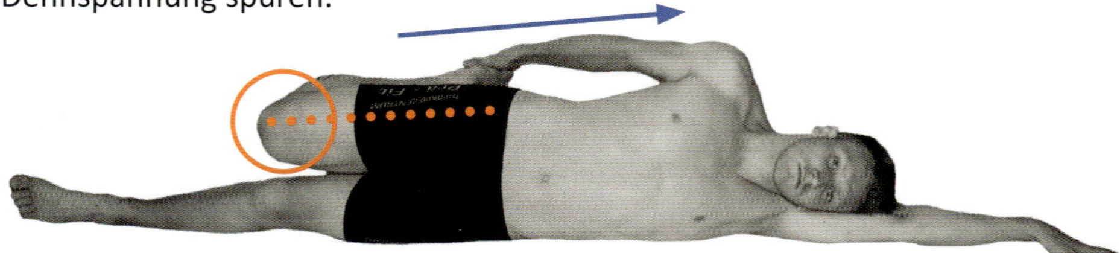

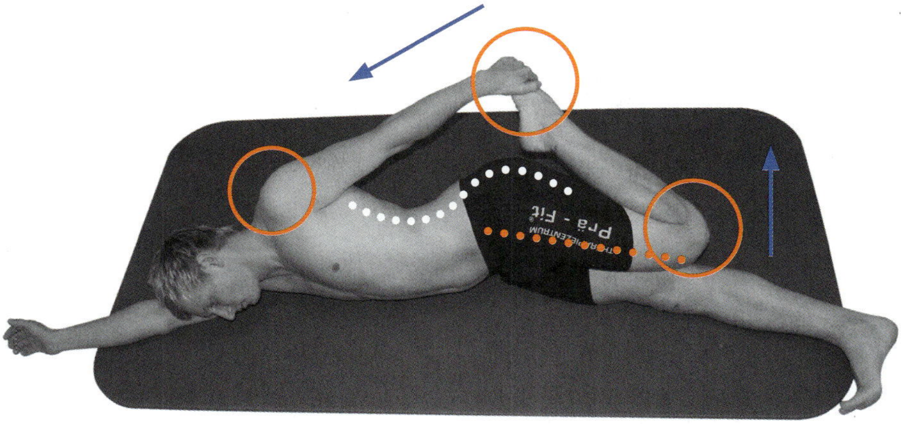

Die Gefahr bei dieser Dehnübung kann eine Verdrehung mit einer zu starken Beugung des Kniegelenkes sein. Sie verlieren die Kontrolle über das Becken, wenn Sie die Bauchmuskeln nicht anspannen, da sonst das Becken nach vorne kippt und Sie ins Hohlkreuz fallen. Sie überdehnen den unteren Anteil des Oberschenkelmuskels.

Variante 6:

ASTE: Beugen Sie in Schrittstellung das vordere Bein stark in der Hüfte und strecken Sie das hintere Bein. Nun legen Sie ihren Oberkörper über ihren vorderen Oberschenkel bzw. stützen Sie ihn am Oberschenkel ab und schieben Sie die Hüfte nach vorne und unten bis der Zug spürbar wird. Mit dieser Übung erreichen Sie mehr ihre proximalen Anteile des Muskels bzw. die Strukturen in der Leistengegend, teils auch ihren *musculus Iliopsoas*.

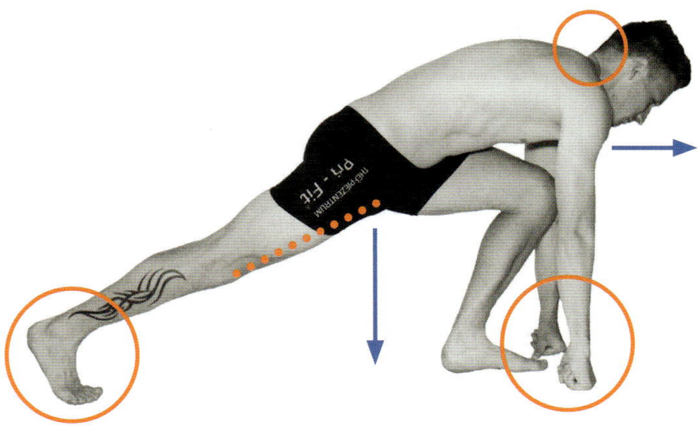

Eine Zerrung in der Leistengegend ist schnell geschehen, daher dosieren sie behutsam die Dehnintensität.

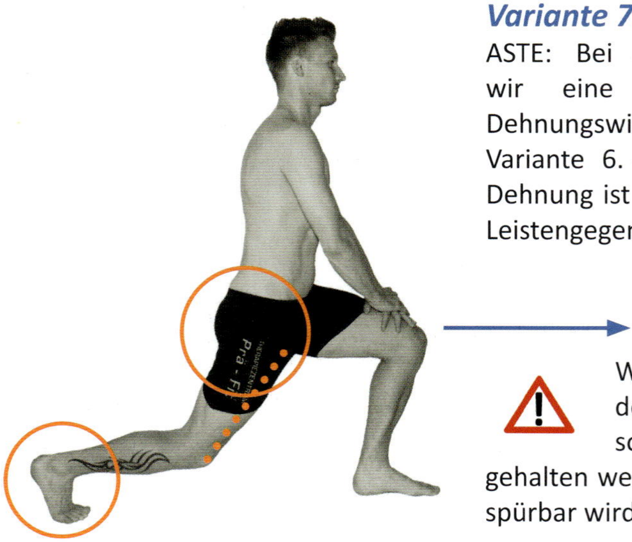

Variante 7:

ASTE: Bei dieser Dehnübung haben wir eine ähnliche Haltung und Dehnungswirkung, wie bei der vorherigen Variante 6. Die Haltung während der Dehnung ist jedoch angenehmer für die Leistengegend.

Während Sie aus der Hüfte den Schub nach vorne geben sollte der Oberkörper gerade gehalten werden bis der Zug am Muskel spürbar wird.

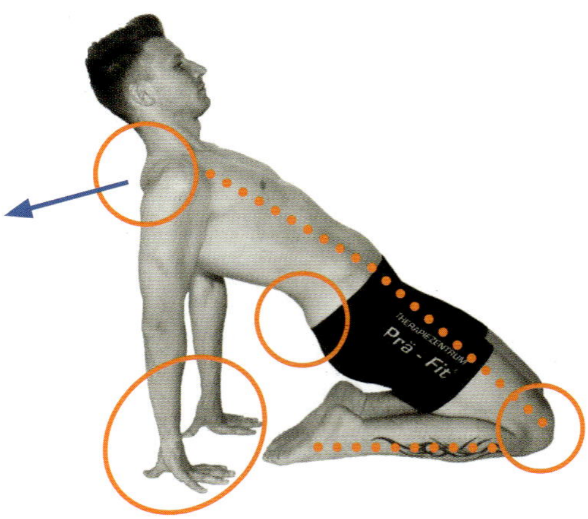

Variante 8:

ASTE: Setzen Sie sich anfangs mit aufrechtem Rücken auf die Fersen und greifen sie mit den Armen nach hinten bis Sie einen Zug an beiden Muskeln spüren. Eine maximale Beugung der Kniegelenke ist Grundvoraussetzung für diese Dehnübung. Sie erreicht abhängig von der Beweglichkeit und Gesundheit, nicht nur beide Seiten der Oberschenkel sondern auch die Schienbeinmuskulatur, die Bauchmuskeln und beide Brustmuskeln bis hin zu den Schultergelenken.

Achten Sie, dass Sie keinen Krampf in die Rückseite der Oberschenkelmuskulatur bekommen (dies kann zu einer aktiven Muskelinsuffizienz führen). Bei Knieproblemen ist diese Dehnübung nicht empfehlenswert. Je nach Sensibilität können Handgelenke und Schultergelenke schnell überlastet werden. Überstrecken Sie ihre Halswirbeln nicht.

9.5.9. Der Darmbein-Schienbein-Zug (tractus iliotibialis)

Die gesamte Außenseite des Oberschenkels wird von einer festen parallelfaserigen Bindegewebsschichte überzogen, der *fascia lata*. Ein Teil davon, ein seitlicher derberer festerer Faserzug wird als *tractus iliotibialis* bezeichnet. In diesen strahlen der große Gesäßmuskel und der Oberschenkelbindenspanner bzw. Sprintermuskel (*muskulus tensor fasciae latae*) ein. Dieser entspringt an dem vorderen oberen Darmbeinstachel und zieht unter dem großen Oberschenkelrollhügel in den *tractus*. Dieser setzt an der Außenfläche des äußeren Gelenkshöckers des Schienbeinkopfes an (siehe Seite 59).
Er funktioniert wie ein zweigelenkiger Muskel. In seiner Funktion hilft er den Gesäßmuskeln beim Beugen und seitlichem Abheben des Beines im Hüftgelenk. Ferner hält er den Oberschenkelkopf in der Hüftpfanne. Im Knie führt er bei Überspannung zur Valgisierungstendenz (x-Knie).

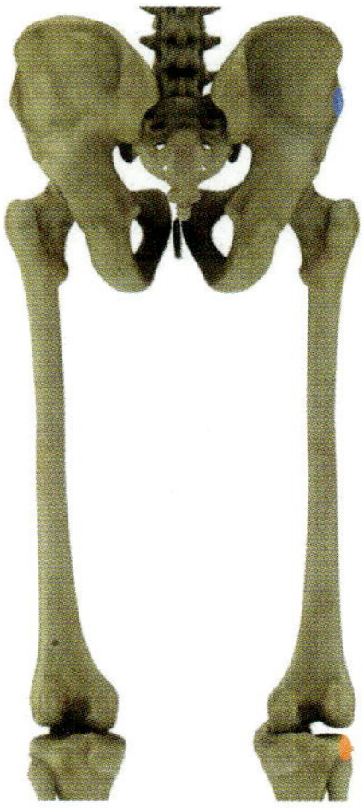

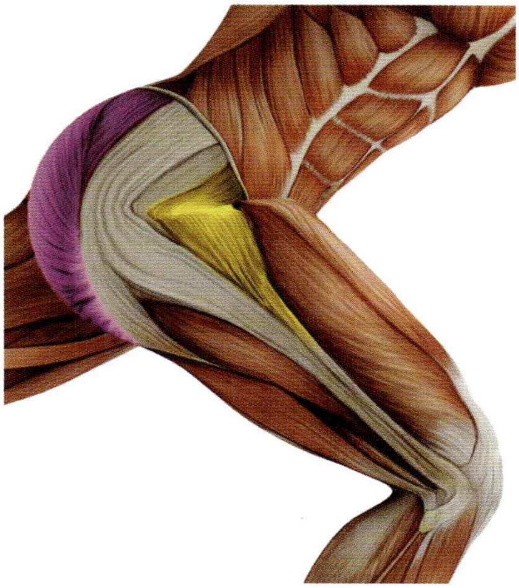

Variante 1:

ASTE: Aufrechter Stand. Stehen Sie anfangs in hüftbreiter Stellung in der Nähe einer Wand oder hinter einem Sessel um leichter ihr Gleichgewicht zu halten. Kreuzen Sie ihr Bein so, dass Sie die Fußaußenkante des hinteren gestreckten Beines am Boden abstützen können. Das vordere Bein leicht gebeugt halten. Dadurch erreichen Sie einen Zug auf den *tractus*. Verschieben Sie nun ihr Becken zur Wand, um eine Spannung auf den tractus zu bringen.

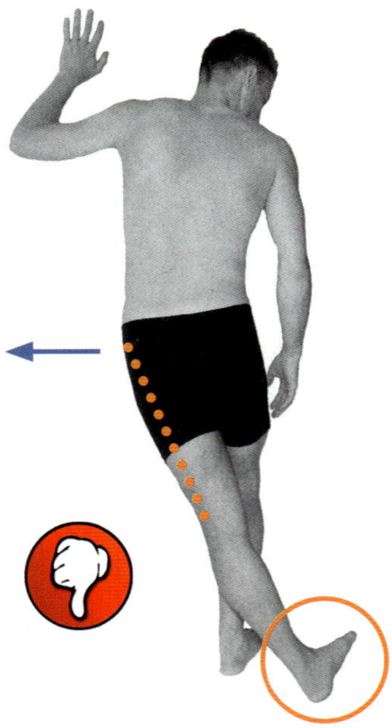

Mit dieser Dehnung belasten Sie aber einerseits ihr Sprunggelenk und andererseits ihre Hüfte, da die Dehnspannung erst bei maximaler Überstreckung der Gelenke, des gesamten Beines, spürbar wird.

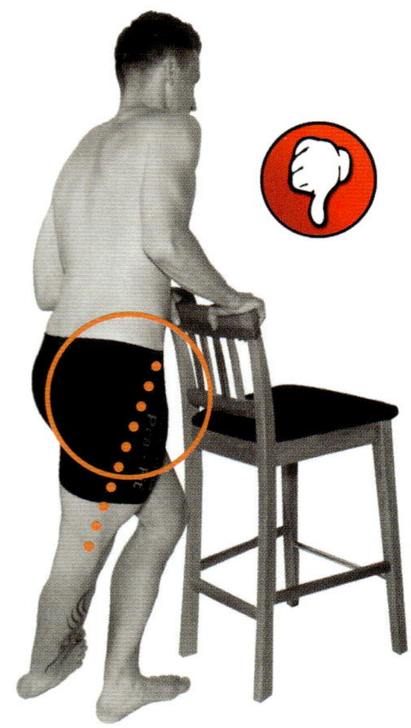

Wenn zu sehr ins Hüftgelenk gehebelt wird, wie in der seitlichen Abbildung gezeigt, wird dadurch die Hüfte extrem belastet. Diese Dehnungsvariante ist daher nicht zu empfehlen!

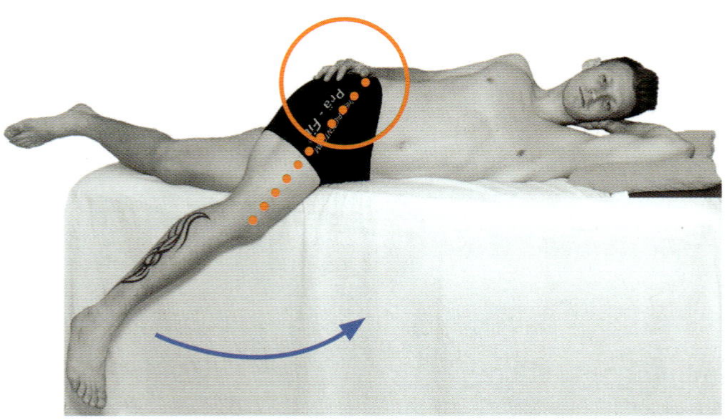

Variante 2:

Diese Variante der Dehnung wird üblicherweise zur Gesäßmuskeldehnung verwendet. Sie erreicht aber auch den *tractus*. ASTE: In Seitenlage auf einem Bett liegend. Lassen Sie das zu dehnende Bein gestreckt aus dem Bett hängen. Beugen Sie das Bein soweit in der Hüfte, bis der Hebelarm optimale Dehnspannung auf den *tractus* bringt.

Durch das Gewicht des Hebelarmes (des gesamten Beines) kommt es zu einer Belastung (Tendenz expulsive Hüfte) auf das Hüftgelenk. Achten Sie darauf in der Wirbelsäule nicht zu verdrehen. Stützen Sie den Kopf gut ab. Den *tractus* dehnt man am effektivsten nur durch Fremddehnung mit einer Bindegewebsmassage in Seitenlage, was anfangs sehr schmerzhaft ist. Bei regelmäßiger Anwendung spürt man die Verbesserung als eindeutige Entspannung des *tractus* und das Aufheben des Ungleichgewichtes der Züge auf das Kniegelenk. Zu betonen wäre, dass das Kräftigen des Gegenspielers, der *musculus gluteus medius* und nicht wie früher gedacht der *vastus medialis*, für das Erreichen einer Muskelbalance und somit einer stabileren Beinachse (im Kniegelenk aus der Valgustendenz, X-Knie, heraus) notwendig ist (siehe Seite 59).

Variante 3:

Die aktuellste Methode der Dehnung des *tractus* ist die Benutzung der Rolle. Legen Sie sich seitlich auf die Rolle, indem Sie sich mit dem Unterarm am Boden und mit der äußeren (lateralen) Oberschenkelseite auf der Rolle abstützen. Für ein besseres Gleichgewicht, legen Sie die zweite Hand auch auf den Boden. Lassen Sie nun ihren Körper über die Rolle, vom Knie bis zur Hüfte, auf und abrollen.

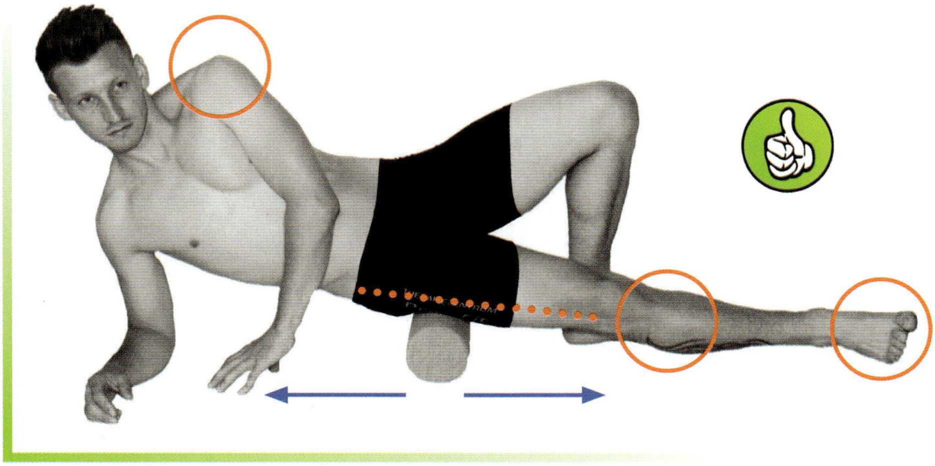

Gleiten sie nicht über den Hüftkopf oder dem Kniegelenk, sondern nur bis kurz davor. Ziehen Sie ihre Schultern nicht hoch und stabilisieren sie ihre gesamte Wirbelsäule bei dieser Übung. Bei dieser Übung kommen leichte Belastungen auf das Sprunggelenk und auf das Knie des zu dehnenden Beines.

9.5.10. Strecker des Fußes

musculus tibialis anterior (TA) / m. extensor digitorum longus (EDL)/ m. extensor hallucis longus (EHL)

Sie entspringen an der Außenfläche des Schienbeinknochens, der Innenfläche des Wadenbeinknochens und der Knochenmembran zwischen Schien- und Wadenbein, an dem seitlichen Gelenkhöcker des Schienbeins und dem Wadenbeinkopf und ziehen zum Keilbeinknochen und dem ersten Metatarsalknochen (Mittelfußknochen, TA), zur 2-5 Zehe (EDL) und zur ersten Zehe (EHL).
Sie strecken alle Zehen und den Fuß nach hinten und ziehen die Innenseite der Fußkante hoch (supinieren).

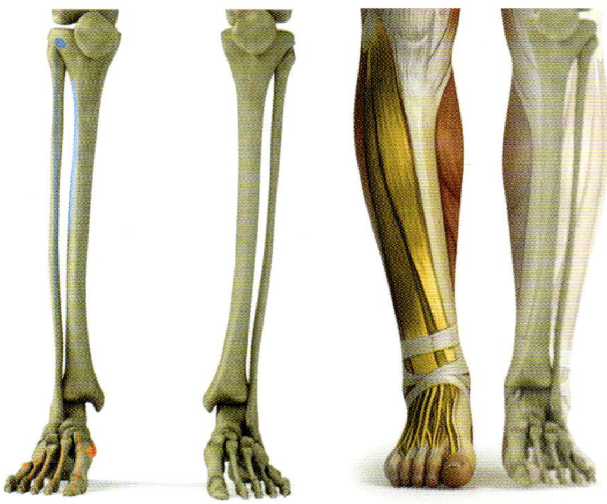

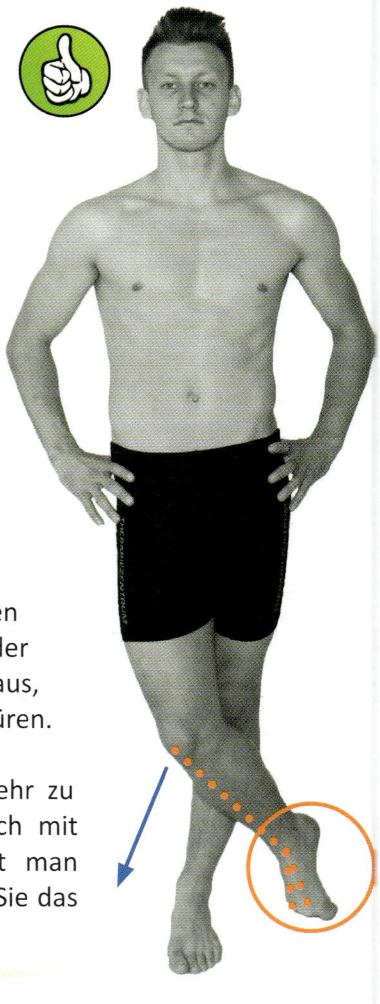

Variante 1:

ASTE: Breitbeiniger aufrechter Stand. Überkreuzen Sie nun von vorne ihr Standbein. Üben Sie mit der Fußschaufel (Fußrist) einen Druck gegen den Boden aus, bis Sie einen Zug vorne entlang am Schienbein spüren.

⚠ Um die Zehengrundgelenke nicht zu sehr zu belasten können Sie die Dehnung auch mit Schuhen durchführen. Dabei verstärkt man aber die Dehnintensität auf die Strecker. Strecken Sie das Knie ihres Standbeines nicht durch.

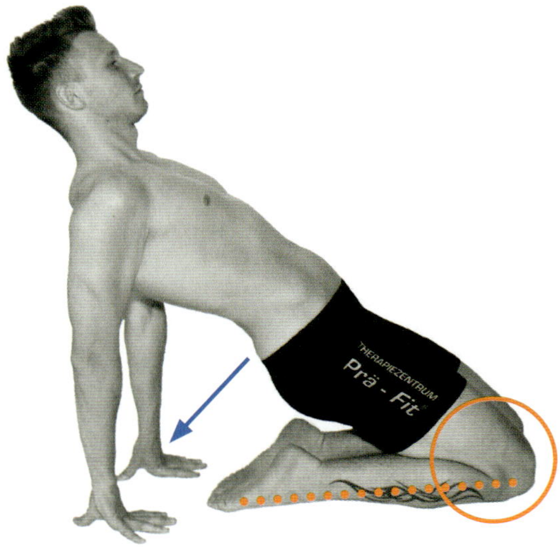

Variante 2:

Mit dieser Dehnübung erreicht man, abhängig davon wie weit man sich zurücklehnt, die gesamte vordere Muskulatur der unteren Extremität, der geraden Bauchmuskulatur und sogar der Brustmuskulatur.

ASTE: Knien Sie nieder, setzten Sie sich mit dem Gesäß auf die Ferse, beugen Sie ihre Zehen nach hinten bis Sie ihre Strecker spüren.

⚠ Eine sehr intensive Dehnung der Strecker. Um diese Position einnehmen zu können, muss eine gute Gelenkigkeit des oberen Sprunggelenkes gegeben sein.

9.5.11. Trapezmuskel (musculus trapezius)

Der Trapezmuskel bzw. Kapuzenmuskel ist ein dreiteiliger Muskel. Er hat einen absteigenden, einen horizontalen und einen aufsteigenden Anteil. Der absteigende Teil entspringt an der Unterkante des Hinterkopfes und setzt am äußeren Drittel des Schlüsselbeins an. Der horizontale Teil entspringt vom 7. Halswirbel bis zum 3. Brustwirbel und erreicht den Übergang des Schlüsselbeins bis zum Schulterblattdorn. Der aufsteigende Teil entspringt vom 2.-12. Brustwirbel und zieht zum Dreieck des Schulterblattdorns. Er fixiert das Schulterblatt (somit hat er eine statische Funktion als Schultergürtelfixator) und zieht das Schulterblatt und das Schlüsselbein zur Wirbelsäule. Der absteigende Teil des Muskels kann die Schulter zum Rumpf ziehen und gering heben. Zusammen mit dem aufsteigenden Teil drehen Sie das Schulterblatt.

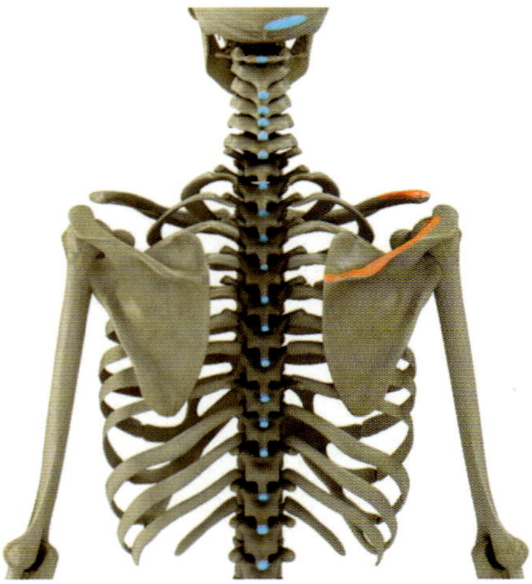

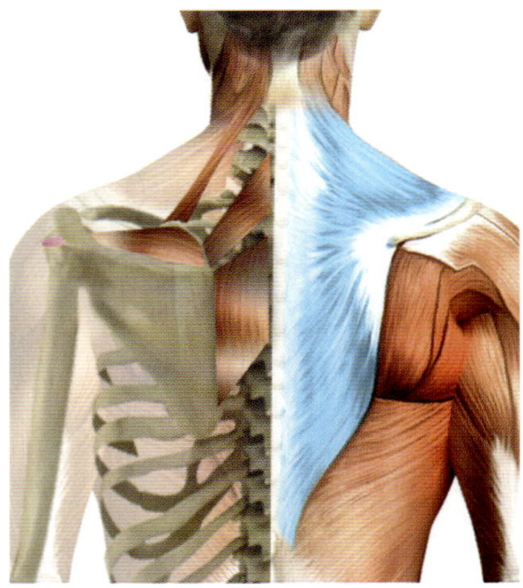

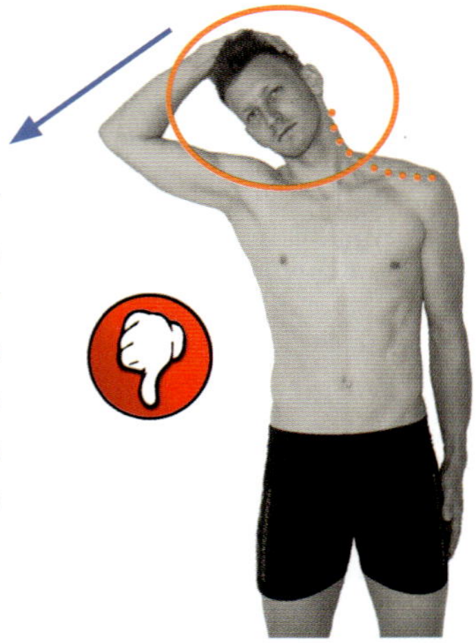

Variante 1:

Die übliche weit verbreitete Dehnposition für diese Muskulatur wird auf dem linken Foto dargestellt. ASTE: Aufrechter schulterbreiter Stand. Neigen Sie ihren Kopf zur Seite, um die Muskulatur unter Zug zu bringen. Greifen Sie mit der gegenüber liegenden Hand auf ihre gegenüberliegende Schläfe um die Dehnung zu verstärken.

Patienten mit HWS Problematik sollten lieber nicht am Kopf herumziehen. Für die Verstärkung der Dehnungsübung ist dieser Zug nicht notwendig. Eher zu empfehlen ist die nächste Variante der Dehnposition, denn dabei kommt es zu keinem Druck auf die Halswirbelsäule.

Variante 2:

ASTE: Bei Patienten mit Halswirbelsäulenschmerzen empfehle ich diese Variante der Dehnung in Rückenlage. Unterlagern sie mit einem kleinen Polster ihren Kopf, damit die Halswirbelsäule nicht überstreckt wird und das Gewicht des Kopfes abgegeben werden kann. Somit ist der Muskel nicht aktiv.

Neigen Sie den Kopf zur gegenüberliegenden Seite. Heben Sie den Arm kaum vom Rumpf weg, drücken aber die Schulter gegen den Boden bzw. machen Sie ihren Arm lang (Depression der Schulter). Es reicht aus, um einen ordentlichen Zug auf die zu dehnende Muskulatur zu bekommen. Mit zusätzlichen feinen Einstellungen des Kopfes nach der Grunddehneinstellung können Sie zusätzlich spezielle Anteile dieses großflächigen Muskels erreichen. Durch das leichte Vorneigen des Kopfes erreicht man zum Beispiel die horizontalen und teils aufsteigenden Anteile des Muskels. Wenn Sie nach dem Neigen die Nasenspitze auch noch in die Richtung der Neigung drehen erreichen Sie die absteigenden Anteile. Dabei sollte nicht außer Acht gelassen werden, dass die darunter- oder angrenzend liegenden Muskeln, wie der *musculus levator* mit gedehnt werden.

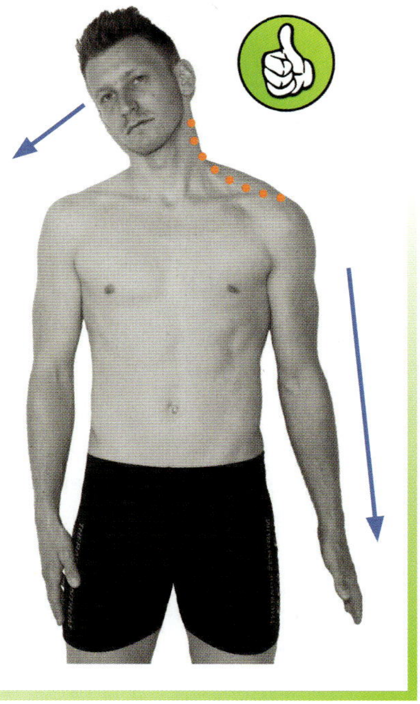

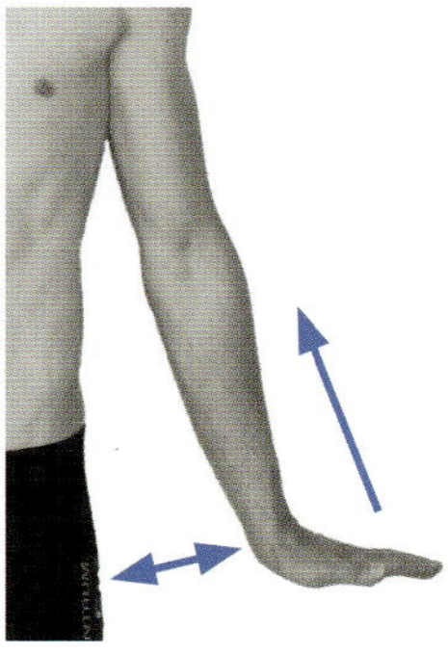

Den Arm bei der Depression der Schulter kaum vom Rumpf wegheben. Sonst kommt der Armplexus (Nerv) unter Zug.

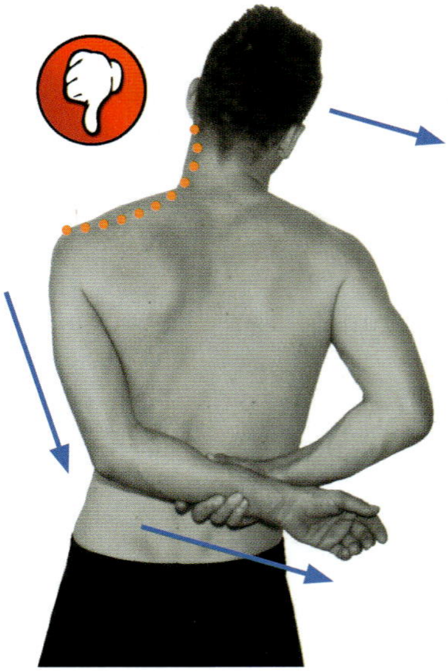

Variante 3:

ASTE: Wie bei der vorherigen Dehnung. Verstärkt wird hier der Zug der Dehnung durch das Runterdrücken und das Heranziehen der Schulter. Dazu umgreifen Sie den Unterarm der zu dehnenden Seite.

Achten Sie darauf, dass Sie ihren Rumpf nicht zur Seite mit neigen oder mit drehen, wie im Bild.

Variante 4:

ASTE: Neigen Sie im aufrechten Stand den Kopf zur nicht dehnenden Seite. Umfassen Sie mit der Hand (des zu dehnenden Muskels) den gegenüberliegenden Arm. Danach drücken Sie die Schulter der zu dehnenden Seite gegen den Boden, somit verstärken Sie die Dehnung.

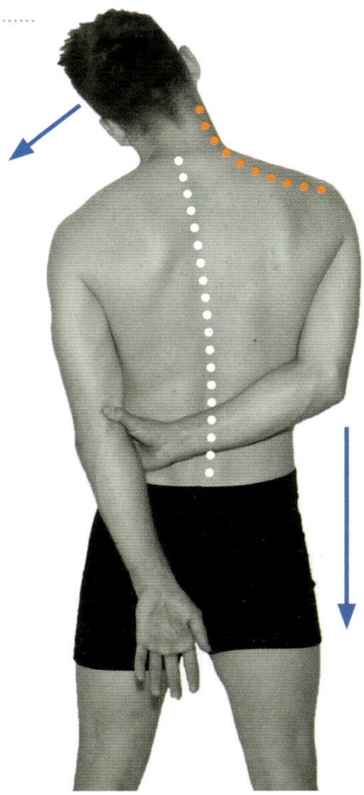

Versuchen Sie die weiterlaufende Bewegung des Rumpfes, durch das Anlegen des gesamten linken Armes an den Körper, zu stabilisieren. In diesem Bild wird der Rumpf leider nicht fixiert und der linke Unterarm wird nach rechts gezogen, wodurch, wie Sie deutlich sehen können eine Seitneigung der Wirbelsäule zustande kommt.

Variante 5:

ASTE: In gebeugter Haltung umgreifen Sie überkreuzt die Knie von außen, wie im Bild dargestellt. Durch das nach Nachinnenziehen der Knie dehnen Sie den Trapezmuskel, den Rückenmuskel, die rautenförmigen Muskeln und teils die Schulterauswärtsdreher.

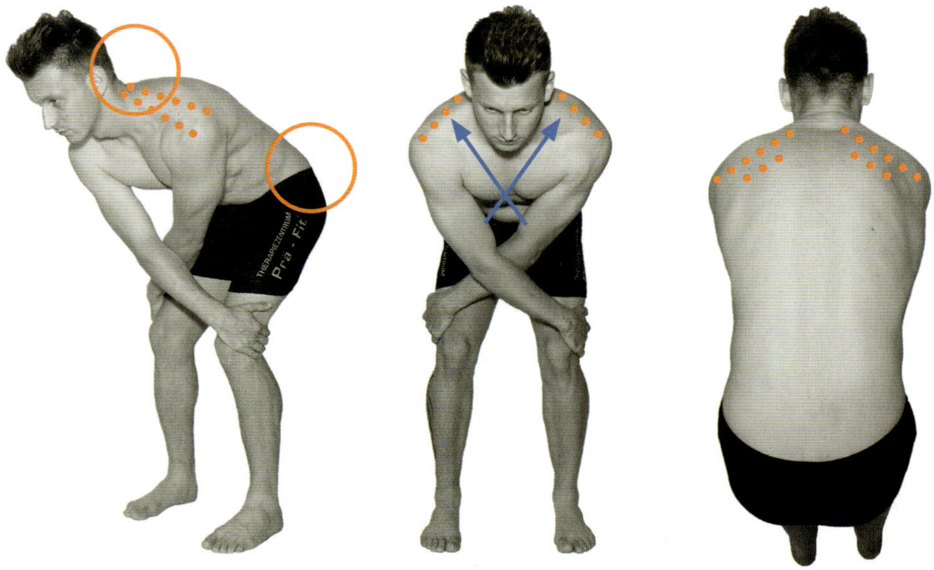

Stabilisieren Sie in dieser gebückten Haltung ihre Lendenwirbelsäule durch eine bewusste Hohlkreuzhaltung und vergessen Sie nicht Bauch und Beckenboden anzuspannen. Achten sie auf die Beinachsen ihrer Knie, wenn Sie mit den Händen daran ziehen.

9.5.12. Schulterblattheber (musculus levator scapulae)

Hat seinen Ursprung an den hinteren Höckerchen der Querfortsätze des 1.-4. Halswirbels und zieht zum oberen Schulterblattwinkel . Er hebt das Schulterblatt während der untere Winkel des Schulterblattes sich zur Wirbelsäule dreht.

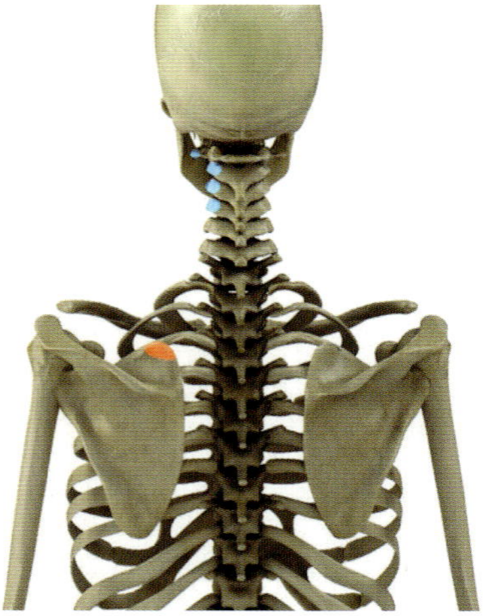

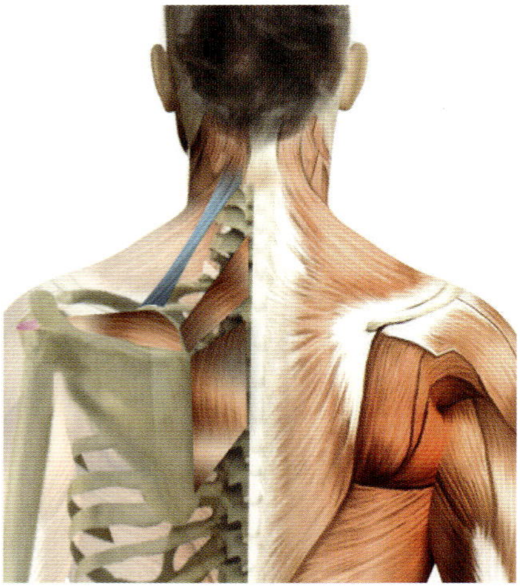

Variante 1:

ASTE: Aufrechter Stand oder im aufrechten Sitz. Beugen Sie ihr Kinn soweit als möglich in Richtung ihres Brustbeins, bis Sie eine Spannung im Schulterblattheber spüren. Auch bei dieser Übung werden etliche naheliegende Muskeln mit gedehnt.

Schulterbreiter Stand. Schultern fallen und Arme locker lassen. Stehen Sie nicht im Hohlkreuz und überstrecken Sie ihre Beine nicht. Spannen Sie die Bauchmuskeln an um kein Hohlkreuz zu machen.

9.5.13. Rautenförmiger Muskel (musculus rhomboideus)

Genaugenommen sind es zwei Muskel, der kleine und der große rautenförmige Muskel. Sie entspringen von den Dornfortsätzen 6. und 7. der Halswirbelsäule und von den Brustwirbel-Dornfortsätzen 1.-4. Beide ziehen zum medialen Rand des Schulterblattes. Bei diesen Dehnvarianten werden immer viele umliegende Muskel mit gedehnt. Diese Dehnvarianten kommen daher mit kleinen Unterschieden in der Haltung bei mehreren Muskeldehnungen vor.

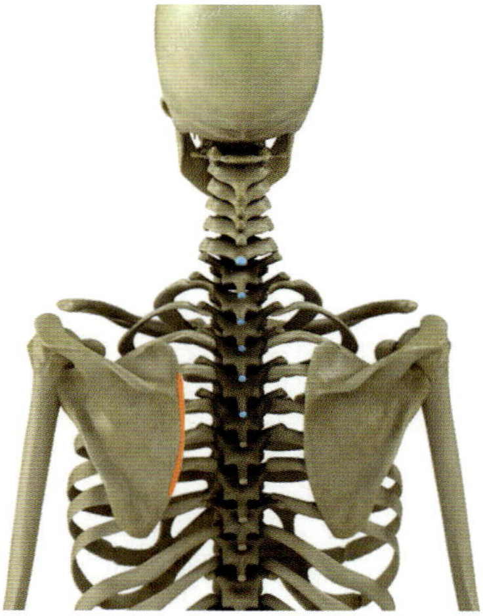

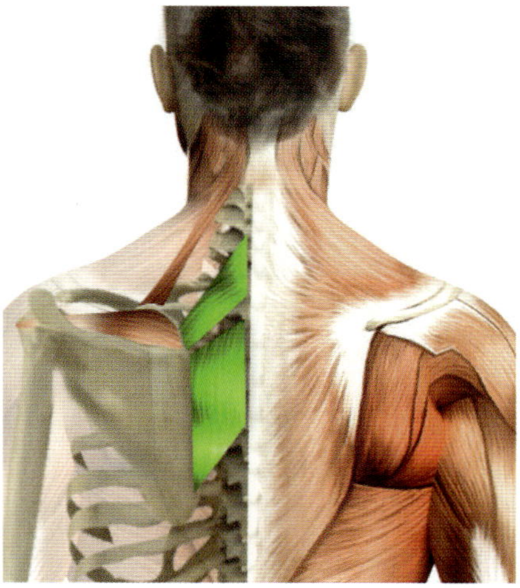

Variante 1:

ASTE: Im breitbeinigen Stand. Halten Sie die Schulter unten und heben den Arm bis unter der Waagrechten (90 Grad). Ergreifen Sie mit ihrer linken Hand den rechten Ellbogen. Ziehen Sie nun den gestreckten rechten Arm zu ihrer linken Schulter nach hinten, bis Sie einen Zug auf die rautenförmige Muskulatur bekommen. Es werden auch der Trapezmuskel, Rückenmuskel, Teile des Deltamuskels und die Außenrotatoren mit gedehnt.

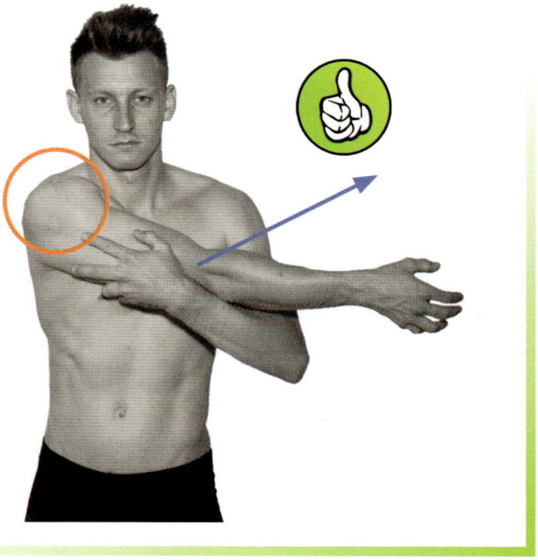

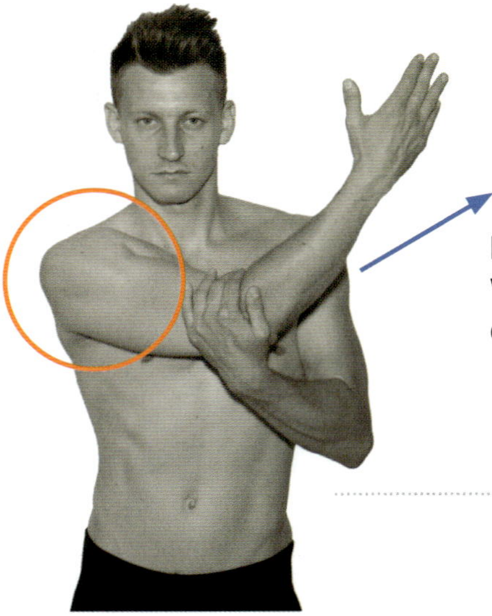

Beachten Sie: Wenn die Schulter und der Arm des zu dehnenden Muskels über der Waagrechten liegen, wird eher der Deltamuskel gedehnt. Wenn Sie im Ellbogengelenk Schmerzen haben dann umgreifen Sie besser ihren Oberarm.

Variante 2:

Die gleiche Dehnung wie beim Trapezmuskel. ASTE: In gebeugter Haltung umgreifen Sie überkreuzt die Knie von außen, wie im Bild dargestellt. Durch das nach außen Drücken der Knie dehnen Sie den Trapezmuskel, den Rückenmuskel, die rautenförmigen Muskeln und die Außenrotatoren. Durch den Rundrücken verstärken Sie die Dehnung.

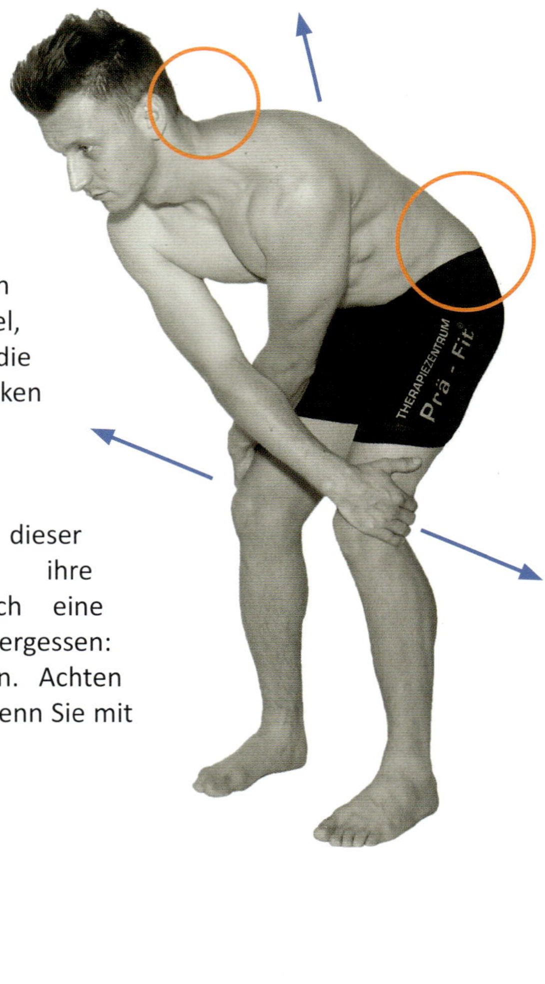

Stabilisieren Sie in dieser gebückten Haltung ihre Lendenwirbelsäule durch eine bewusste Hohlkreuzhaltung. Nicht vergessen: Bauch und Beckenboden anspannen. Achten Sie auf die Beinachsen ihrer Knie, wenn Sie mit den Händen daran ziehen.

Variante 3:

ASTE: Im Stehen oder Sitzen umarmen Sie sich (vereinfacht ausgedrückt) selbst. Legen Sie dabei ihre Hände an ihre Schultern. Während Sie die Arme auseinanderziehen bzw. die Schultern nach vorne drücken, machen Sie zusätzlich einen Rundrücken, bis Sie die Dehnung auf beiden Seiten der oberen Rückenmuskeln spüren. Diese Dehnung zielt auch auf den Trapezmuskel, den Rückenmuskel, den Außenrotatoren und Teile des Deltamuskels.

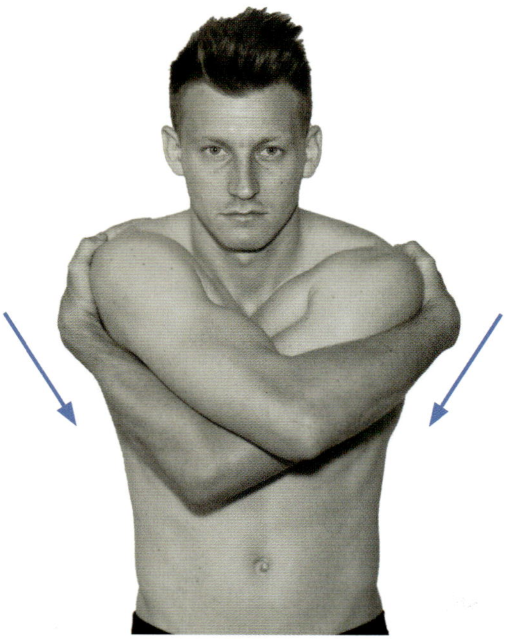

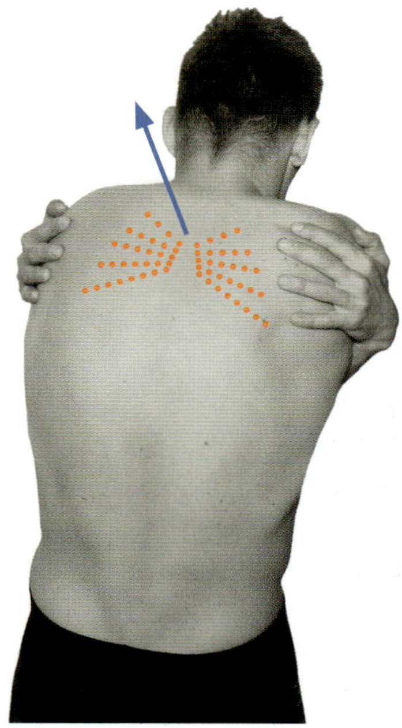

Ziehen Sie ihre Schultern nicht hoch und bleiben Sie mit ihrem Oberkörper symmetrisch (keine seitlichen Ausweichbewegungen). Überstrecken sie ihre Halswirbelsäule nicht.

9.5.14. Muskel über dem Schulterblattdorn (musculus supraspinatus)

Der Muskel entspringt von der Grube über dem Dorn des Schulterblattes und zieht über die Schulterkapsel zum großen Höcker des Oberarmknochens. Er spannt die Kapsel und hält den Kopf des Oberarmknochens in der Pfanne. Der Muskel hebt seitwärts den Arm hoch (abduziert) und zählt zu den Muskeln der Rotatorenmanschette. Er ist ein Auswärtsdreher des Oberarmes, dabei unterstützt ihn der *musculus infraspinatus*.

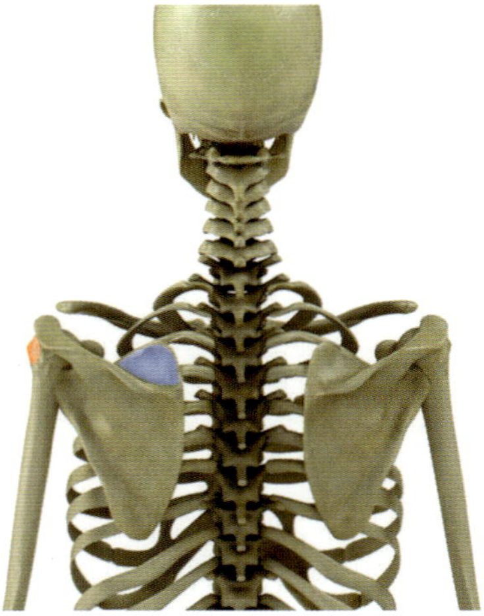

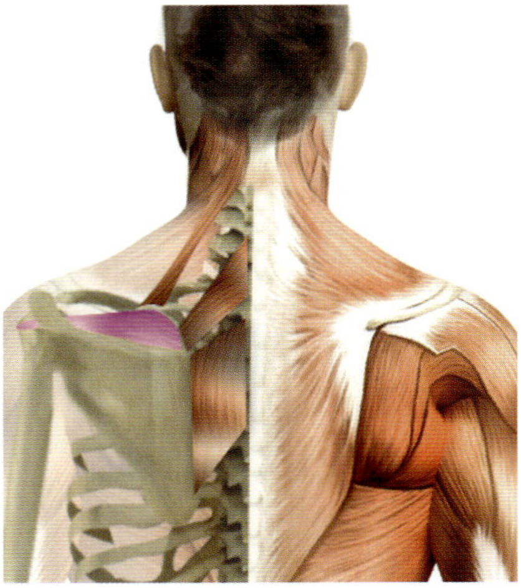

Variante 1:

Gleiche Dehnvariante wie bei den rautenförmigen Muskeln (siehe Seite 133).

Variante 2:

Beschreibung der Dehnvariante wie bei den rautenförmigen Muskeln, auf der Seite 135.

9.5.15. Dreiköpfiger Armmuskel (musculus triceps brachii)

Der „Triceps“ wird von drei Köpfen gebildet: Langer Kopf, mittig liegender Kopf, seitlich liegender Kopf. Die drei Köpfe bilden eine Sehnenplatte und setzen durch die gemeinsame Endsehne am Ellbogen und dessen Gelenkskapsel an.
Der lange Kopf ist ein zweigelenkiger Muskel. Dies bedeutet, dass er in zwei Gelenken bewegen kann. Im Ellbogengelenk streckt er und im Schultergelenk hilft er bei der Streckung des Armes nach hinten (Retroversion) und beim Ziehen des Armes zum Rumpf hin mit (Adduktion). Die anderen zwei Anteile sind eingelenkig und starke Strecker im Ellbogengelenk.

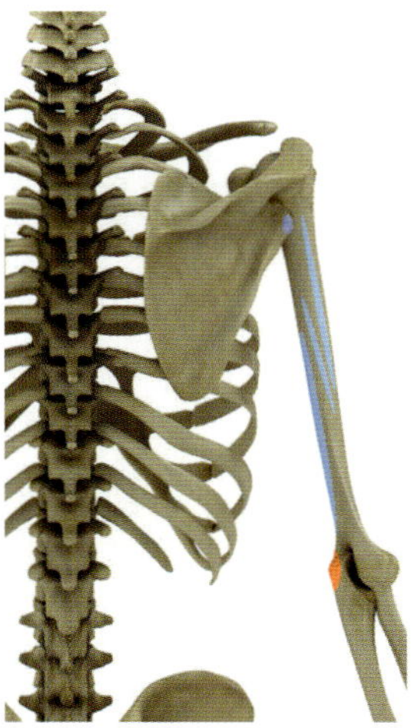

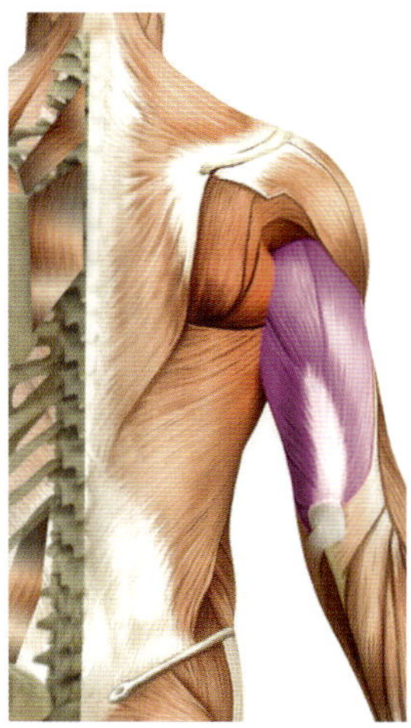

Variante 1:

ASTE: Schulterbreiter gerader Stand. Beugen Sie ihren Unterarm und heben Sie ihn seitlich bis zum Kopf. Ergreifen Sie mit der zweiten Hand den gebeugten Unterarm am Ellbogengelenk und drücken Sie ihn nach hinten unten, bis eine Spannung am Muskel spürbar wird. Man dehnt bei dieser Übung teilweise den Rückenmuskel mit. Zur besseren Anschauung sehen Sie die Dehnungsübung von der Seite.

Die Dehnübung verlangt eine korrekte Haltung. Achten Sie daher darauf, im Stehen und beim Dehnen, kein Hohlkreuz zu machen. Bei dieser Übung besteht die Gefahr der Belastung und Verschiebung des Rumpfes und der Halswirbelsäule zur gegenüberliegenden Seite, wenn man den dehnenden Unterarm nicht stabilisiert und gerade hält. Wenn Sie Schmerzen beim maximalen Beugen im Ellbogengelenk haben, dann empfehle ich eine andere Dehnvariante.

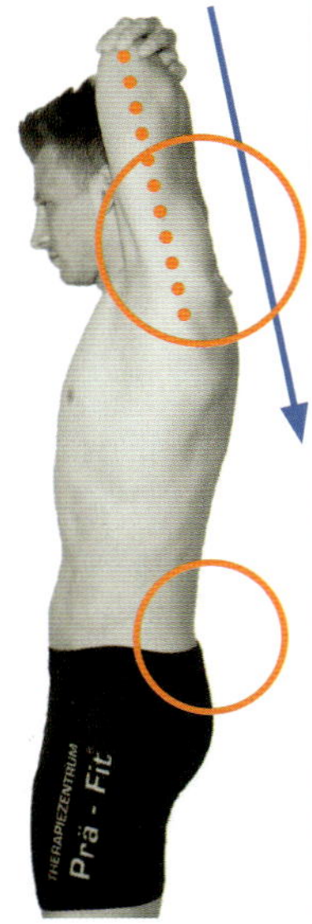

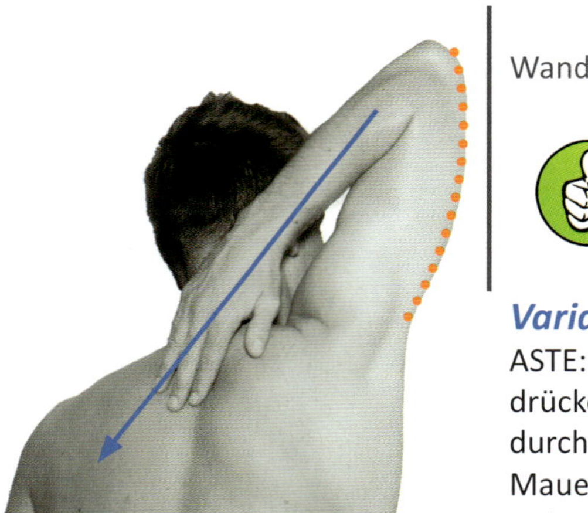

Variante 2:

ASTE: Breitbeiniger Stand. Beugen und drücken Sie ihren Arm im Ellbogengelenk durch Abstützen des Ellbogens an der Mauer nach hinten. Die Richtung der Dehnung sollte dieselbe sein, wie bei der vorigen Übung.

Falls notwendig können Sie in Schrittstellung gehen um die Lendenwirbelsäule besser zu stabilisieren.

Variante 3:

ASTE: Breitbeiniger gerader aufrechter Stand. Beugen Sie leicht in den Knien. Bei dieser Variante wird ein Handtuch (oder Ähnliches) zur Hilfe genommen. Wenn Sie flexibel sind erreichen Sie ihre Hände mit beiden Fingern und benötigen kein Handtuch.

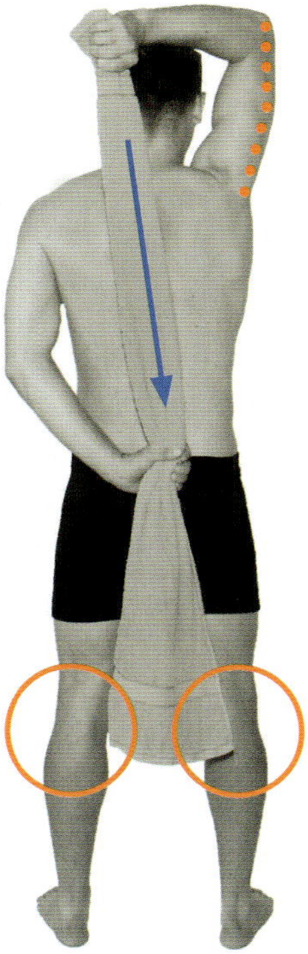

Achten Sie auf ihre Knie, damit diese nicht überstreckt werden und Sie nicht so leicht ins Hohlkreuz fallen können. Schauen Sie auf das Schultergelenk und den darauf ausgeübten Zug. Dieser sollte eigentlich am hinteren Oberarmbereich ankommen.

Von der letzten Variante der Dehnübung (ohne Zuhilfenahme eines Handtuches) rate ich ab, wenn Sie nicht beweglich genug sind. Ansonsten kommt es sehr wahrscheinlich zu Ausweichbewegungen im Rumpfbereich oder die Schultergelenke bekommen eine größere Belastung ab. Auch das Ellbogengelenk wird mehr belastet als bei den anderen Dehnungsvarianten.

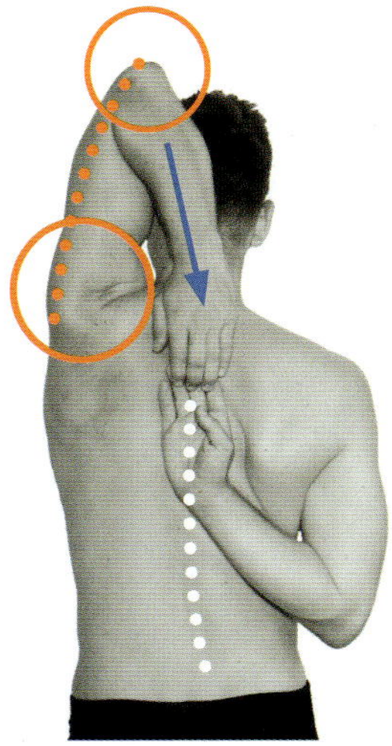

Variante 4:

Diese Übung wird bevorzugt zur Dehnung des Rückenmuskels verwendet.

ASTE: Breitbeiniger Stand. Drehen Sie ihren Rumpf zur Seite und stützen Sie sich an einer Wand ab. Strecken Sie ihre Körperaußenseite zur Wand hin, bis Sie den Zug vom Beckenknochen über die seitlichen Bauchmuskeln, dem Rückenmuskel und *musculus quadratus lumborum* bis hin zum „Triceps“ spüren.

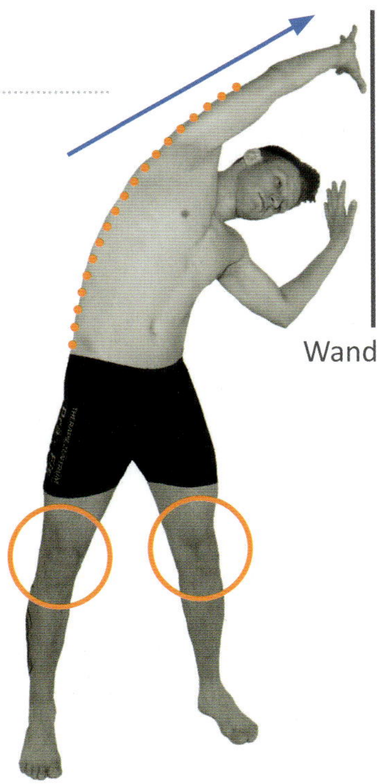

Überstrecken Sie ihre Kniegelenke nicht. Diese Übung hängt von der Beweglichkeit ihrer Lenden- und Brustwirbelsäule ab.

9.5.16. Breitester Rückenmuskel (musculus latissimus dorsi)

Er der größte Muskel des Menschen. Durch seine breite und flächendeckende Größe wird er in 4 Teile geteilt, die unterschiedliche Funktionen erfüllen. EinTeil kommt von den Dornfortsätzen der 7.-12. Brustwirbeln. Ein Teil kommt vom hinteren Drittel des Darmbeinkammes, ein Teil von der 10.-12. Rippe und häufig noch ein Teil von der unteren Spitze des Schulterblattes. Sein Ansatz befindet sich am Höcker des kleinen Knochenvorsprungs. Er senkt den gehobenen Arm, zieht ihn zum Rumpf (Adduktion). Den gesenkten Arm zieht er nach hinten und dreht ihn soweit ein, dass der Handrücken am Gesäß zu liegen kommt. Beide Anteile ziehen die Schulter nach hinten unten. Sie helfen beim schnellen Ausatmen und Husten.

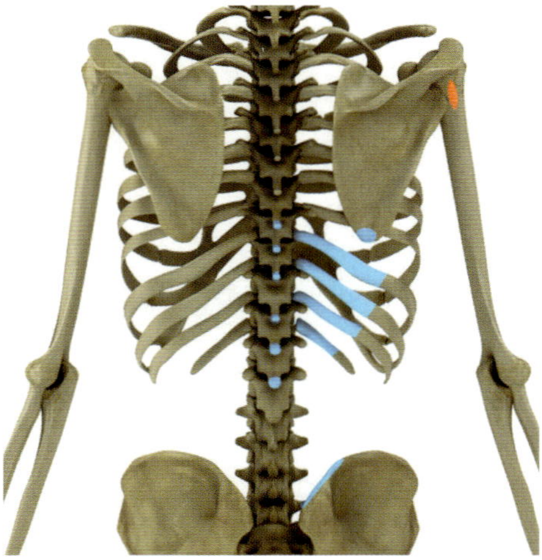

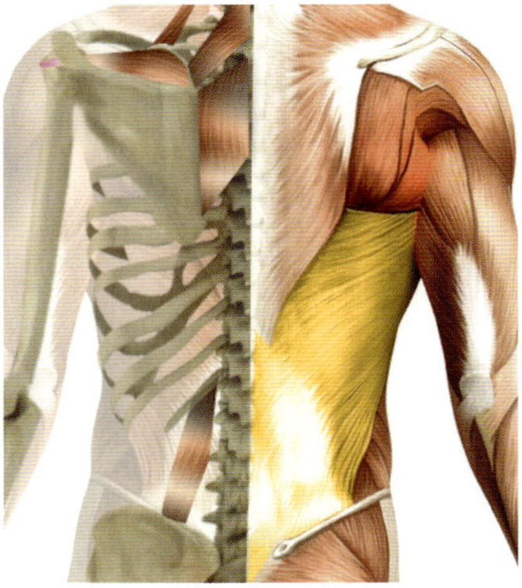

Variante 1:

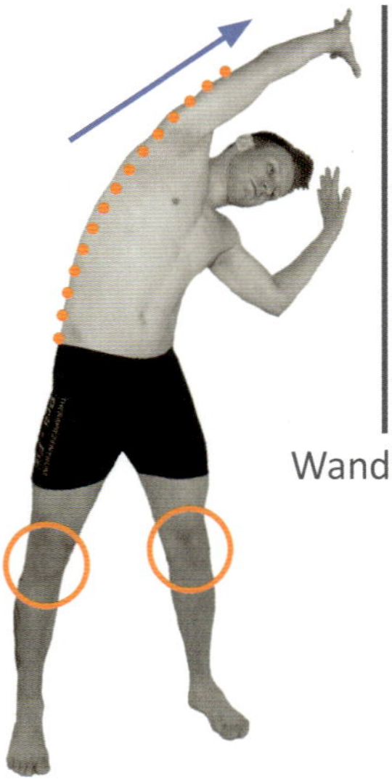

Es kommen bei dieser Dehnung auch Anteile des Trapezmuskels und der Bauchmuskeln unter Zug.
ASTE: Breitbeiniger Stand. Legen Sie ihren Rumpf zur Seite und stützen sich an einer Wand ab. Strecken Sie die Körperaußenseite zur Wand hin, bis Sie den Zug vom Beckenknochen über die seitlichen Bauchmuskeln, den Rückenmuskeln bis hin zum „Triceps" spüren. Mit der Verschiebung der Hüfte zur Seite verstärken Sie die Dehnung.

Überstrecken Sie ihre Kniegelenke nicht. Für diese Dehnung sollten Sie in der Lenden- und Brustwirbelsäule beweglich sein. Durch das Anspannen der Bauchmuskulatur stabilisieren Sie ihre Wirbelsäule.

Variante 2:

Bei dieser Übung werden auch die Trapezmuskelanteile, der *musculus obliquus externus* und *internus* der Bauchmuskeln mit gedehnt.
ASTE: Legen Sie sich in Rückenlage flach auf den Boden. Nehmen Sie durch das Strecken der Arme und Beine in die gleiche Richtung eine Haltung in Form eines Bumerangs ein, bis Sie einen Zug seitlich spüren.

Variante 3:

Mit dieser Dehnung erreichen Sie zum Teil auch den Deltamuskel und „Triceps".
ASTE: In Rückenlage liegend strecken Sie den ganzen Körper mit beiden Armen nach oben und mit beiden Beinen nach unten.

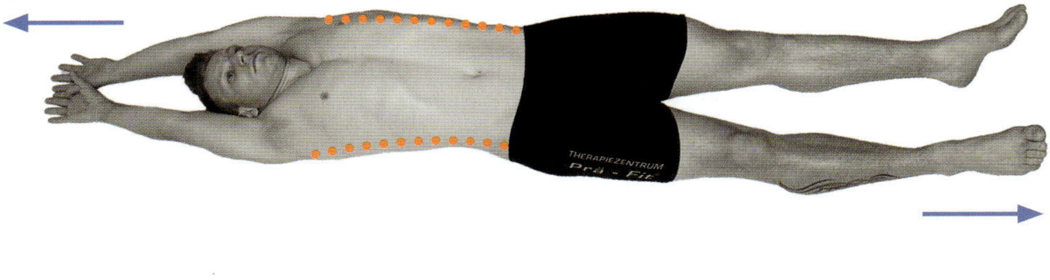

Diese Dehnung können Sie auch im Stehen ausführen. Dabei sollten Sie aber darauf achten, dass Sie ihre Knie im Stehen nicht durchstrecken und mit den Armen nicht auf die Halswirbelsäule drücken. Daher bevorzuge ich die Rückenlage. Das einzige worauf Sie hier achten sollten ist, dass Sie nicht im Hohlkreuz liegen.

Variante 4:

ASTE: Knien Sie sich auf den Boden und strecken Sie beide Arme am Boden weit nach vorne. Drücken Sie nun ihre Brust und beide Schultern in Richtung Boden, bis Sie auf beiden Seiten die Spannung in den Rückenmuskeln spüren. Brust- und „Tricepsanteile“ kommen auch unter Dehnung. Bei geöffneter Armstellung kommt die Dehnung mehr auf die Brustmuskeln.

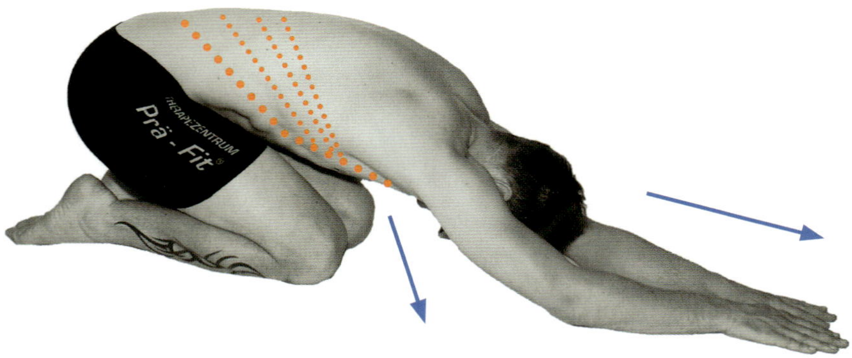

Überstrecken Sie ihre Halswirbelsäule nicht.

9.5.17. Unterarmstrecker

(Musculus extensor carpi radialis brevis et longus, musculus brachioradialis, musculus extensor digitorum, musculus extensor digiti minimi, musculus extensor carpi ulnaris)

Vereinfacht haben all diese Muskeln (oberflächliche und radiale Schicht) einen gemeinsamen Ursprung über dem außeren Gelenkhöcker des Oberarms und ziehen übers Handgelenk zu den einzelnen Fingerrücken. Die Hauptfunktion dieser Muskeln ist eine Streckung der Finger und des Handgelenks und eine Beugung im Ellbogengelenk.

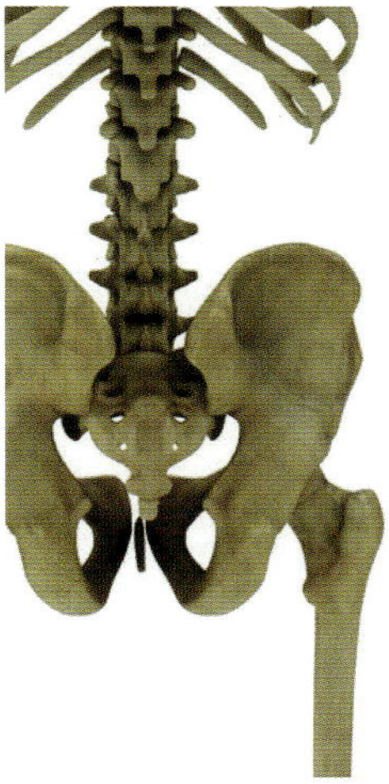

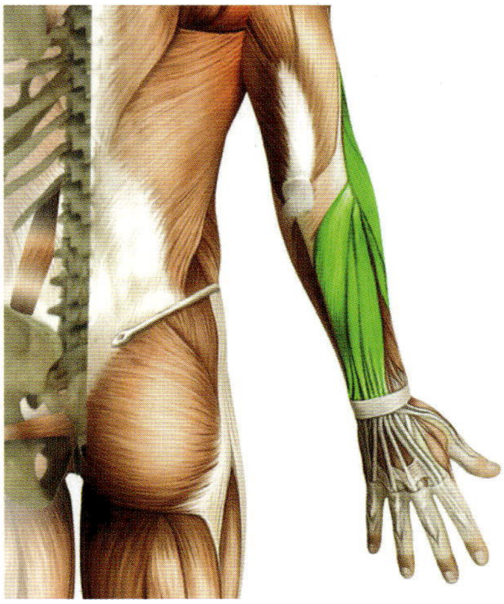

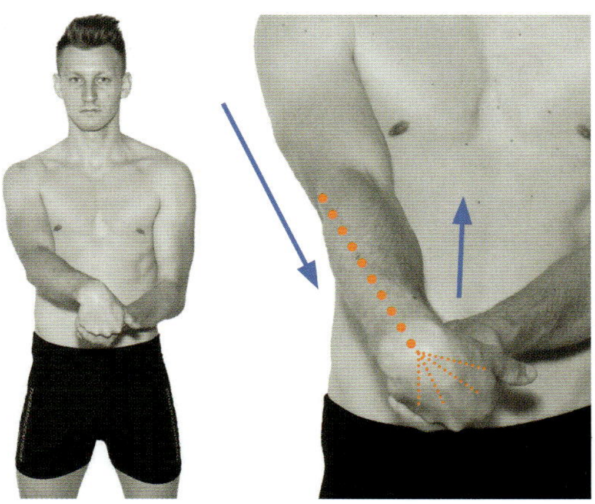

Variante 1:

ASTE: Breitbeiniger Stand. Ergreifen Sie die Hand und die Finger des zu dehnenden Unterarmes, mit ihrer gegenüberliegenden Hand. Beugen Sie diese nach unten. Strecken Sie in dieser Position den Arm aus und ziehen Sie die Finger zu sich, bis Sie ein Ziehen der Unterarmstrecker spüren.

Schulter locker lassen. Durch die maximale Beugung bei dieser Dehnung kommt auf das Handgelenk eine größere Belastung.

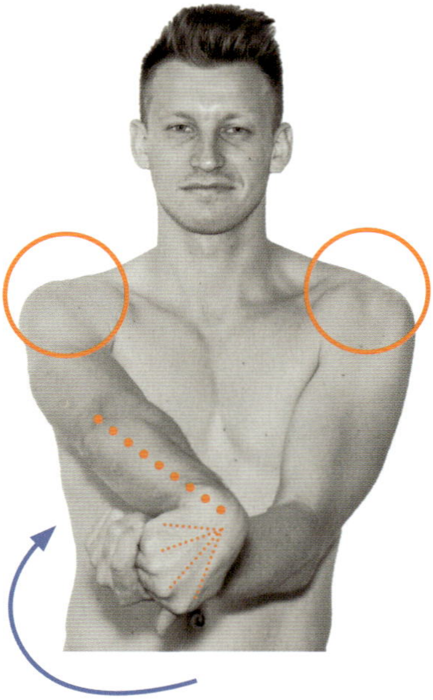

Variante 2:

ASTE: Gleiche Ausgangsstellung wie bei der Variante 1. Nachdem Sie den Arm durchgestreckt haben drehen Sie ihren Unterarm soweit nach innen, bis Sie eine Dehnung spüren.

Die Schultern dabei nicht hochziehen. Vorteilhafter ist es, die Finger von oben zu greifen und nicht wie in der Abbildung von unten. Dies haben wir nur gemacht, um eine bessere Sicht auf die zu dehnende Muskulatur und die Ausführung des Fotos zu haben. Wenn Sie die Finger nach oben weiterdrehen, die Einwärtsdrehung verstärken, dann können Sie die Dehnung verschärfen. Bei dieser Übung sehr sanft und langsam die Endposition einnehmen.

Variante 3:

ASTE: Im Vierfüßler. Die Arme strecken und in den Handgelenken soweit beugen, dass Sie ihre Handrücken langsam schrittweise auf den Boden ablegen können bis ein Zug spürbar wird. Die Fingerspitzen sollen zur Seite zeigen. Mit der Drehung der Schulter und dem Verschieben des Gesäßes in Richtung Ferse, ist es möglich die Dehnung zu verstärken.

Achten Sie auf ihre Wirbelsäule. Legen sie einen Polster unter die Knie. Die Beweglichkeit in den Handgelenken sollte groß sein.

9.5.18. Quadratischer Lendenmuskel (m.quadratus lumborum)

Er entspringt an der inneren Lippe des Darmbeinkammes und zieht zu den Rippenfortsätzen der Lendenwirbeln 1.-4. und der 12. Rippe (nahe des Rippenwirbelgelenkes). Er senkt die 12. Rippe und hilft beim Seitwärtsbeugen des Rumpfes mit.

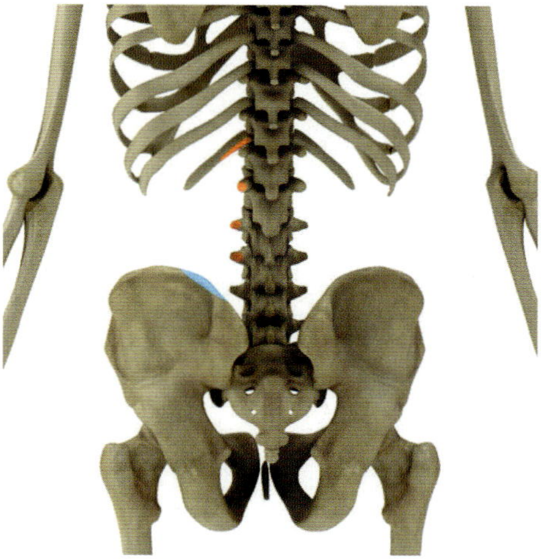

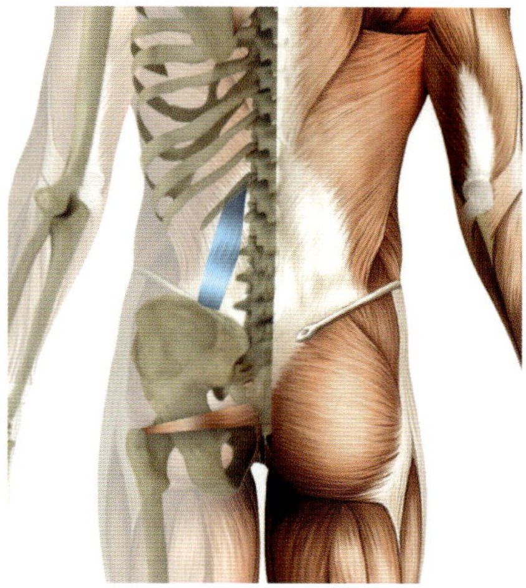

Variante 1:

ASTE: In Rückenlage liegend, stellen Sie ihre Beine, in den Knien gebeugt auf. Drehen Sie die Beine zusammen gelegt abwechselnd nach jeder Seite, wie beim Mobilisieren der Lendenwirbelsäule, mit dem Unterschied, dass nun das Gesäß sich zur Seite mit drehen bzw. mit heben darf. Dadurch kommt der Zug auf die zu dehnende Muskulatur.

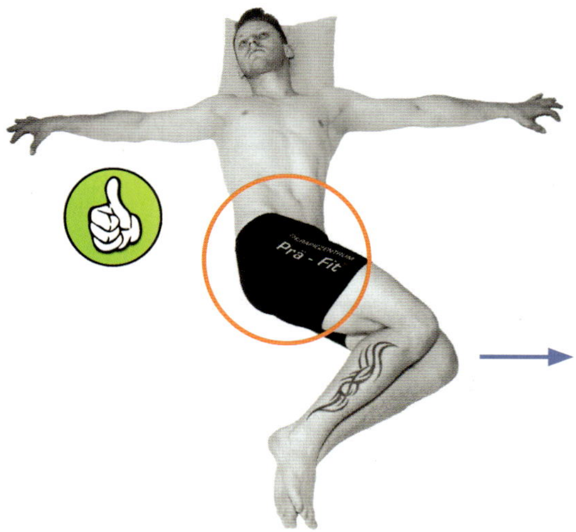

Der Brustkorb soll am Boden liegen bleiben. Bei dieser Dehnung werden auch die unteren Rückenmuskelanteile und des *musculus obliquus internus* der Bauchmuskeln, der Brustmuskeln und Teile des Gesäßmuskels mit gedehnt.

Variante 2:

Bei dieser Übung werden auch der Rückenmuskel, Teile des Trapezmuskels und der Bauchmuskeln mit gedehnt.

ASTE: Legen Sie sich in Rückenlage flach auf den Boden. Nehmen Sie durch das Strecken der Arme und Beine in die gleiche Richtung eine Haltung ein, der die Form eines Bumerangs gleicht, bis Sie einen Zug seitlich spüren.

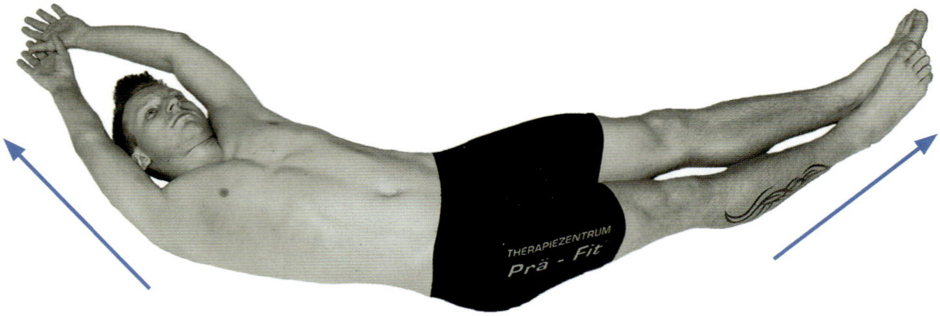

⚠ Diese Dehnung, flach am Rücken liegend, nur auf einem festen Untergrund durchführen.

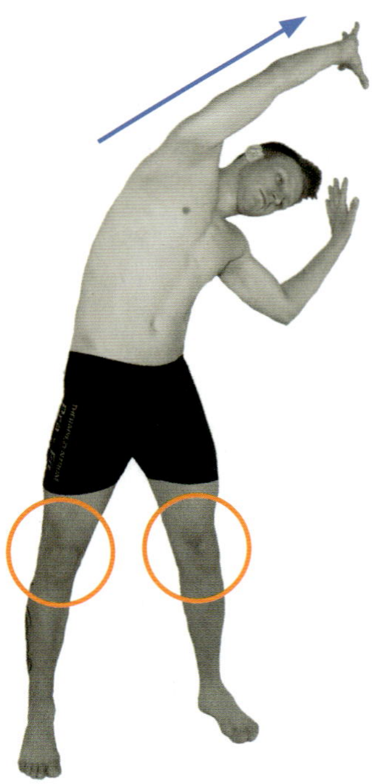

Variante 3:

Auch diese Variante wird bevorzugt zur Dehnung des Rückenmuskels eingesetzt. Es kommen auch Anteile des Triceps Muskels und der beiden Obliquui der Bauchmuskeln unter Zug.

ASTE: Breitbeiniger Stand. Legen Sie ihren Rumpf zur Seite und stützen Sie sich an einer Wand ab. Strecken Sie ihre Außenseite zur Wand hin, bis Sie den Zug vom Beckenknochen über den seitlichen Bauchmuskeln über den Rückenmuskel und *musckulus quadratus lumborum* bis zum „Triceps" spüren.

⚠ Überstrecken Sie ihre Kniegelenke nicht. Für diese Dehnung sollten Sie in der Lenden- und Brustwirbelsäule beweglich sein.

9.5.19. Gesäßmuskeln (musculi glutei)

Es gibt funktionell die Einteilung dieser Gesäßmuskeln in die Abduktoren-Gruppe. Dazu gehören aber noch der *musculus piriformis* und der *musculus tensor fasciae latae*. Den *piriformis* habe ich aus Gründen seiner Beeinflussung des Ischiasnervs gesondert behandelt. Und der *musculus tensor fasciae latae* wird mit dem *tractus* besprochen. Die Gesäßmuskeln bestehen aus dem *gluteus maximus, medius* und *minimus*.

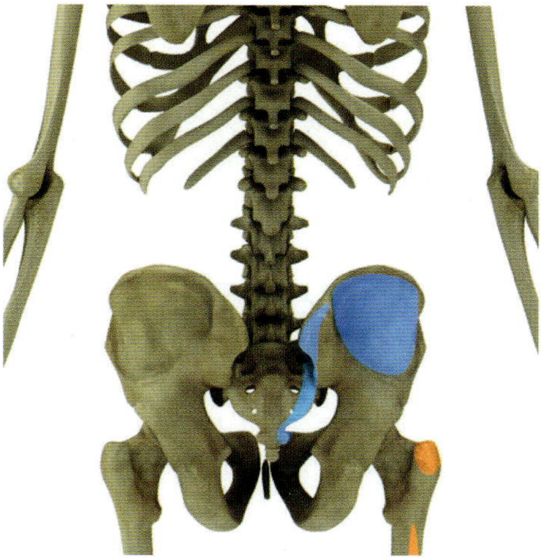

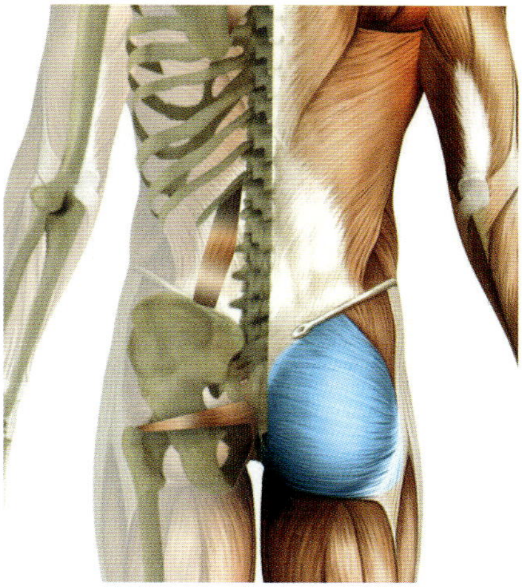

Die Gesäßmuskeln haben ihren Ursprung in einem oberflächlichen und einen tiefen Anteil. Der oberflächliche Anteil kommt vom Darmbeinkamm, von der hinteren oberen Darmbeinstachel, von der *fascia thoracolumbalis*, dem Kreuzbein und Steißbein. Der tiefe Anteil kommt vom Darmbeinflügel und der Gesäßapeunorose. Der rumpfnahe Anteil strahlt in den *tractus iliotibialis* der rumpfferne Anteil setzt am Oberschenkelknochen (*tuberositas glutealis*) an. Er ist ein Strecker und Außenrotator in der Hüfte und wirkt gegen das Beckenkippen nach vorne. Er kann den Oberkörper aus dem Sitz aufrichten und ermöglicht das Treppensteigen. Je nach Anteil (der obere, der die fascia lata spannt) ist er ein Abduktor oder ein Adduktor (der untere, der zur *tuberositas* zieht).

Der *gluteus medius* liegt über dem *minimus*. Beide entspringen von der Außenfläche des Darmbeins und setzen am großen Rollbügel des Oberschenkelbeins an. In der Gesamtheit der Muskulatur sind sie beide Abduktoren und für das Tanzbein zuständig. Je nach Anteil, vor oder hinter dem Oberschenkelrollbügel liegend, ist der *medius* ein Einwärtsdreher und Beuger oder ein Auswärtsdreher und Strecker der Hüfte.

Variante 1:

ASTE: Unterlagern Sie ihren Kopf in Rückenlage liegend. Stellen Sie ein Bein auf. Legen Sie nun den Knöchel (Ferse) des zweiten Beines auf das Knie des aufgestellten Beines. Drehen Sie das gebeugte Knie nach außen runter bis eine Dehnspannung spürbar wird. Diese Dehnung zielt eher auf den *gluteus medius* und *minimus*.

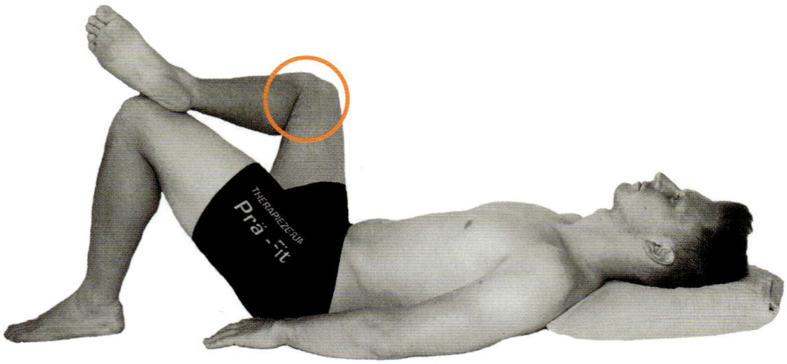

Gute Beweglichkeit des Knie- und Hüftgelenkes ist Voraussetzung für diese Dehnübung.

Variante 2:

ASTE: Gehen Sie in Rückelage und unterlagern Sie ihren Kopf. Stellen Sie anfangs ein Bein angewinkelt auf den Boden. Schlagen Sie die Ferse des zweiten Beines über das angewinkelte, wie bei der vorigen Dehnung. Dann umgreifen Sie mit beiden Händen die Kniekehle des aufgestellten Beines und ziehen es in Richtung der Brust, bis Sie eine Spannung in den Gesäßmuskeln des darübergelegten Beines spüren. Diese Dehnung zielt eher auf den *gluteus medius* und *minimus*.

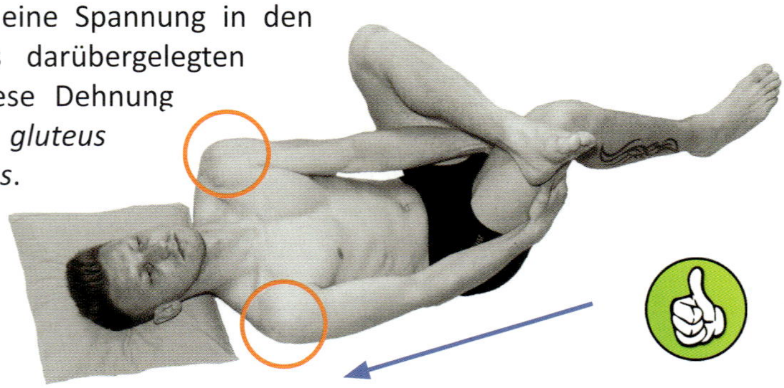

Die Schultern unten und den Kopf am Polster liegen lassen. Den Kopf nicht überstrecken. Kniegelenk und Hüftgelenk sollten keine Einschränkungen haben.

Variante 3:

ASTE: Gleiche Ausgangsstellung wie bei der vorigen Übung, in Rückenlage liegend und Kopf unterlagert. Strecken Sie ein Bein flach aus und legen Sie es auf den Boden. Beugen Sie ihr zweites Bein im Knie und umgreifen Sie es am Unterschenkel. Ziehen Sie nun ihr Knie in Richtung Kopf bis Sie eine Dehnung im *gluteus maximus* spüren .

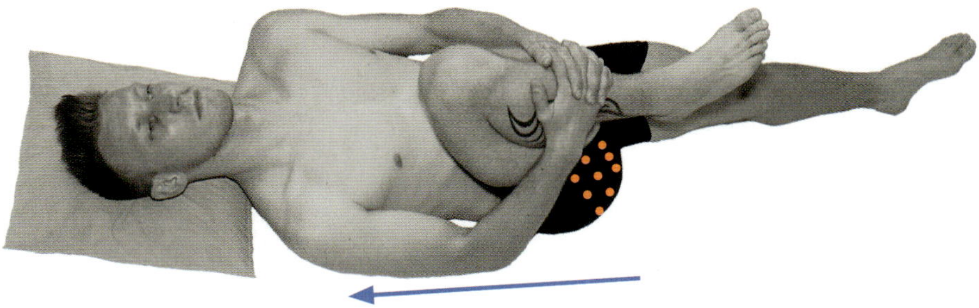

⚠ Wenn das maximale Beugen im Kniegelenk nicht möglich ist oder der Druck auf die Kniescheibe Schmerzen bereitet, dann umgreifen Sie das Bein an der Oberschenkelrückseite. Damit wird das Kniegelenk nicht überlastet.

Variante 4:

ASTE: Schlagen Sie im aufrechten Sitz das zu dehnende Bein über das andere. Drücken Sie nun ihr Knie nur soweit hinunter, bis Sie die Spannung im Gesäßmuskel spüren. Sie verstärken die Dehnung, wenn Sie ihren Oberkörper etwas nach vorne neigen.

⚠ Versuchen Sie im Rumpf nicht auszuweichen. Bei Hüftschmerzen ist diese Variante nicht zu empfehlen, denn sie belastet die Hüfte.

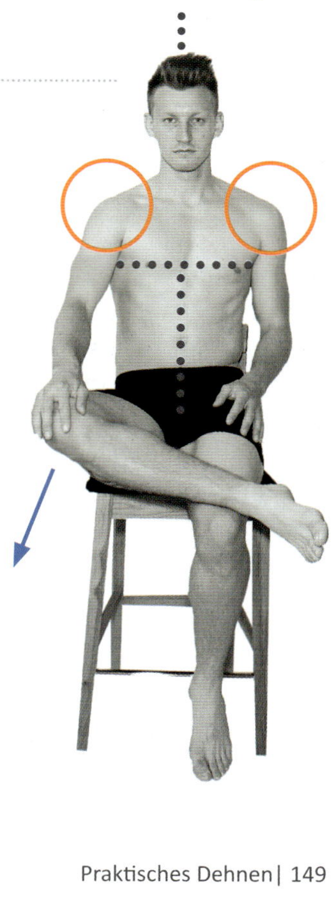

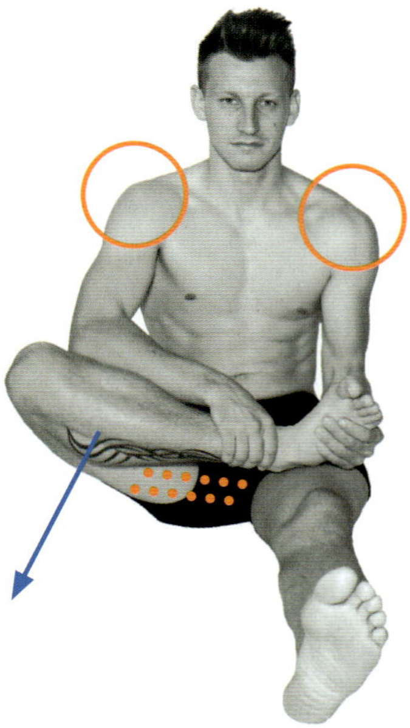

Variation der ASTE:

Diese Dehnungsvariante können Sie ebenso am Boden sitzend ausüben. Zu beachten sind bei dieser Ausgangsstellung die gleichen Punkte wie bei der vorigen Dehnübung. Bei diesem Bild sieht man, dass die rechte Schulter leicht nach oben gehoben wird. Das sollte nicht sein. Wenn Sie das zweite Bein aufstellen verstärken Sie die Dehnübung. Dafür müssen Sie in der Hüfte flexibel sein.

Variante 5:

ASTE: Legen Sie sich in Seitenlage. Lassen Sie das Bein, dessen Gesäßmuskel gedehnt wird, gestreckt hinunter hängen. Beugen Sie also ihr Hüftgelenk soweit, bis eine Dehnspannung spürbar wird.

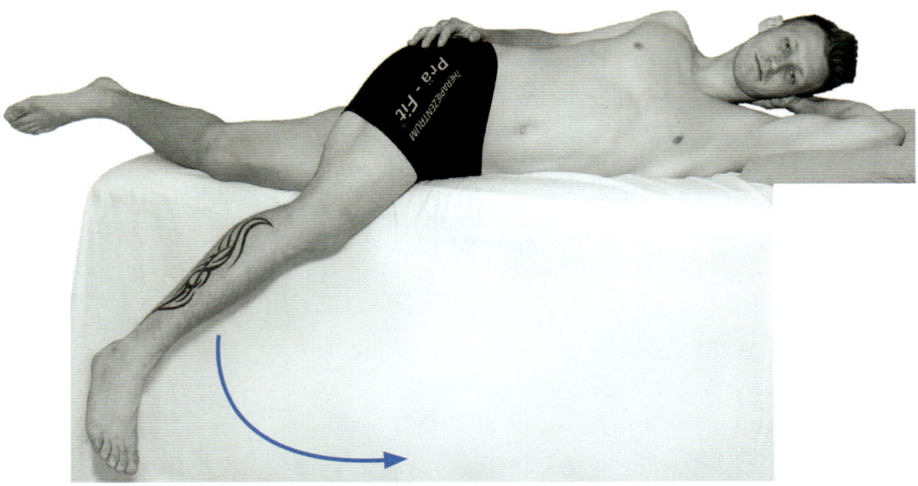

⚠ Auf die Kopflagerung, bzw. ihre Halswirbelsäule aufpassen. Den Kopf besser mit der Hand, auf der man liegt, unterstützen oder unterlagern.

9.5.20. Birnenförmiger Muskel (musculus piriformis)

Der Muskel entspringt mit mehreren Zacken am Kreuzbein und zieht durch die große Öffnung des Sitzbeins zur Spitze des großen Rollbügels des Oberschenkelbeins. Im Stehen wirkt er somit auf den Oberschenkel als ein Auswärtsdreher, Abduktor (Abspreizer) und er hilft bei der Streckung.

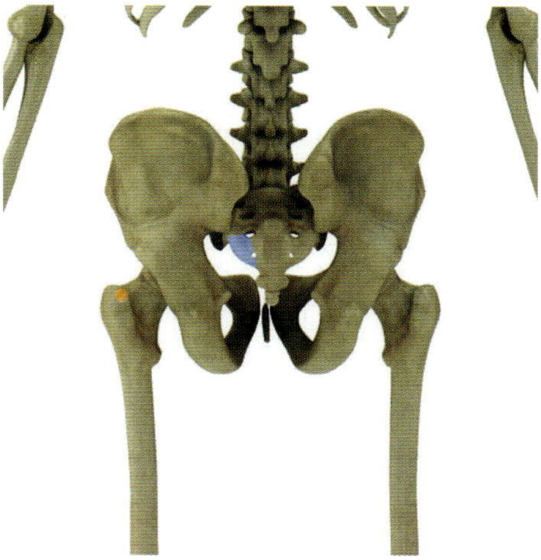

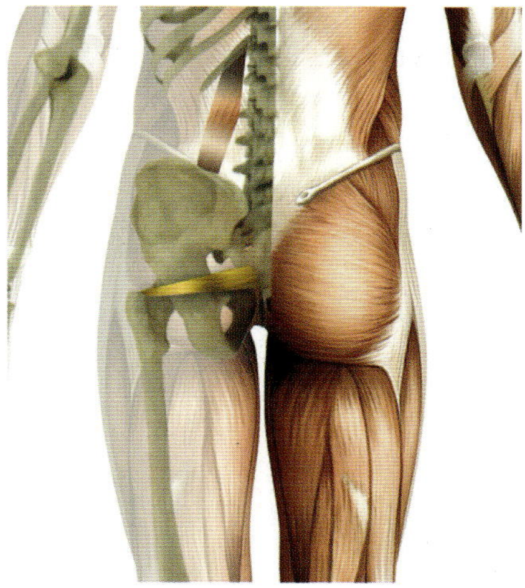

Weil der Muskel über dem Ischiasnerv liegt beeinflusst er ihn bei Verspannung, was oft zu pseudoradikulärer Ausstrahlung führen kann. Daher bespreche ich diesen Muskel gesondert vom Gesäßmuskel. Wenn der Muskel hypertrophiert oder einen höheren Tonus hat, kann er wegen seines Verlaufs eine Kompression auf den Nerv auslösen und irritiert dann den Ischiasnerv. Bei dieser Dehnübung werden immer Teile des Gesäßmuskels mit gedehnt. Es gibt Varianten in der Verlaufshöhe des Muskels, was die Höhe der Dehnhaltung beeinflusst, und der Muskel kann auch (bei manchen Menschen) durch den Ischiasnerv in mehrere Anteile gespalten sein.

Variante 1:

ASTE: Legen Sie sich in Rückenlage bequem auf einen festen Untergrund und unterlagern Sie ihren Kopf. Lassen Sie das nicht zu dehnende Bein durchgestreckt flach liegen. Ergreifen Sie ihr zweites Bein, das Sie 90 Grad in der Hüfte und im Kniegelenk gebeugt haben am Knie außen und ziehen Sie es zur gegenüberliegenden Hüftseite, bis eine Dehnspannung in der Gesäßmitte spürbar wird. Wenn der Zug immer noch zu schwach ist, können Sie mit der Höhe der Hüftbeugung variieren (denn der Verlauf des *piriformis* kann etwas variieren).

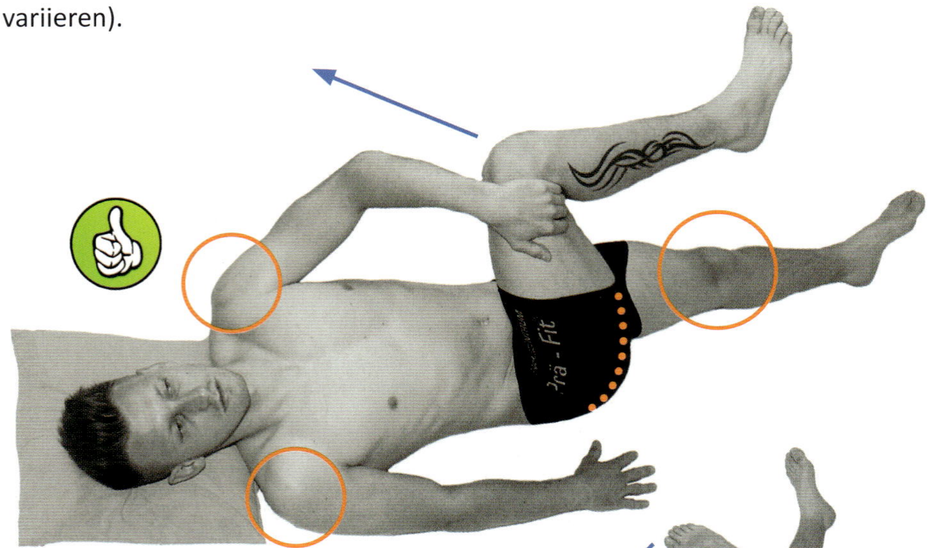

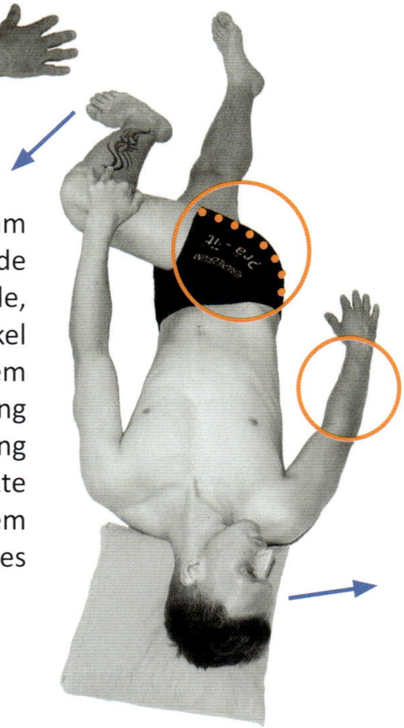

Das zweite Bein sollte flach am Boden liegen bleiben, genauso beide Gesäßteile bzw. die Lendenwirbelsäule, da ansonsten der Zug nicht auf den richtigen Muskel kommt. Schultern nicht hochziehen. Mit dem Oberkörper flach liegen bleiben. Zur Verstärkung der Dehnung bzw. gegen die Ausweichbewegung können Sie den Kopf in die entgegengesetzte Richtung drehen und den zweiten Arm neben dem Körper flach auf den Boden legen (siehe zweites Foto aus einer anderen Perspektive).

Variante 2:

ASTE: Beugen Sie ein Knie und stellen Sie das Bein auf. Stützen Sie sich im Langsitz mit einer Hand nach hinten ab und lassen Sie das zweite Bein flach und locker am Boden liegen. Ziehen Sie mit dem Unterarm bzw. Ellbogen des gegenüberliegenden Armes, den zu dehnenden Muskel zur Hüfte heran bis Sie eine Spannung im Gesäßmuskel spüren. Wenn Sie den Oberkörper und den Kopf in die Richtung des zu dehnenden Gesäßmuskels drehen, verstärken Sie die Dehnung.

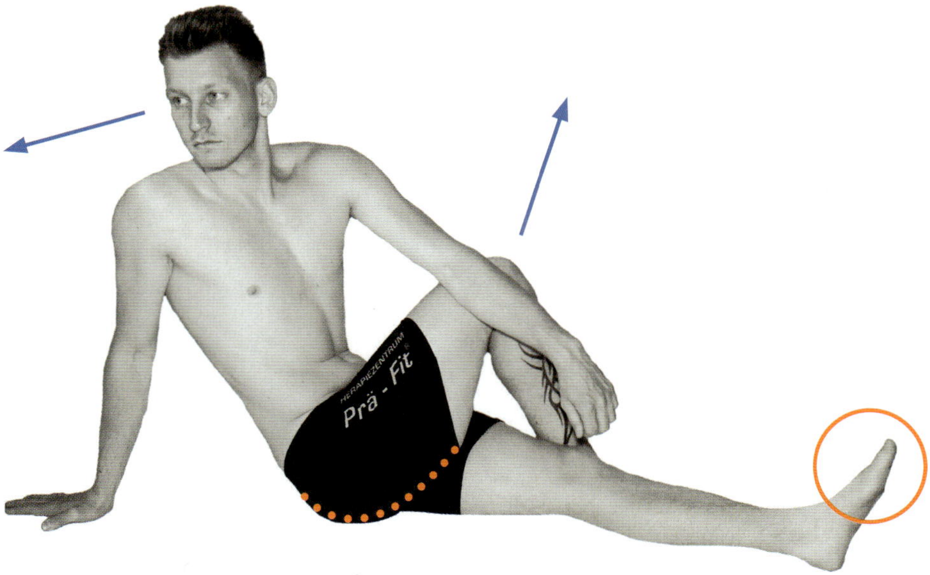

⚠ Fußschaufel nicht anziehen. Schulter unten lassen, nicht hochziehen. Es werden auch der *gluteus medius et minimus* und die seitlichen Bauchmuskeln gedehnt.

9.5.21. Hintere Oberschenkelmuskulatur (musculus ischiocrurale)

Der Muskel besteht aus drei Anteilen: *biceps femoris, semimembranosus* (SM), *semitendinosus* (ST). Alle drei Anteile entspringen am Sitzbeinhöcker, vereinigen sich anfangs, setzten aber dann getrennt am Wadenbeinköpfchen (*biceps*) und an der medialen Unterseite des Knies, am *pes anserinus superficialis* (der ST) und an der medialen hinteren Seite des Knies, am *pes anserinus profundus* (der SM), an. Auch dieser Muskel ist zweigelenkig. Er streckt in der Hüfte und beugt im Kniegelenk. In gebeugter Stellung ist er zusätzlich ein Rotator (Dreher) des Unterschenkels. Der *biceps femoris* dreht den Unterschenkel nach außen, der ST und der SM drehen den Unterschenkel nach innen.

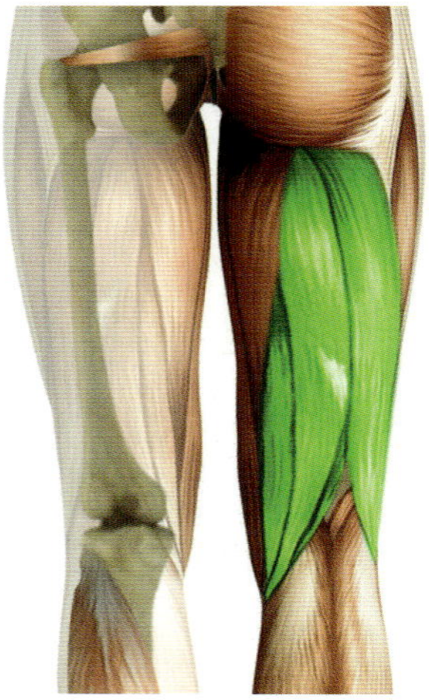

Variante 1:

ASTE: Stellen Sie ihre Füße nebeneinander. Nun kreuzen Sie die Beine und strecken Sie ihre Knie. Mit dem Kopf beugen Sie ihren Oberkörper soweit nach vorne, bis eine Dehnung im hinteren Oberschenkelmuskel spürbar wird.

⚠ Bei dieser Dehnung und bei den meisten anderen angeführten Varianten der nächsten Seiten kommt das gesamte Nervensystem, insbesondere der Ischiasnerv unter Zug (siehe nebenstehendes Skelett-Bild). Dies können Sie als einen deutlichen Schmerz bzw. Ziehen oder Brennen in der Kniekehle spüren. Laut Butler darf bzw. sollte das Nervensystem

nur für 2-3 Sekunden, also sehr kurz gedehnt werden. Die Dauer einer statischen Dehnung ist dafür zu lang und die Blutversorgung, der axonale Transport, also der gesamte Stoffwechsel des Nervs, kann in Mitleidenschaft gezogen werden. Außerdem spürt man bei diesen Dehnstellungen auch die restlichen Strukturen im Bein, wie die Wadenmuskulatur.

Variante 2:

ASTE: Legen Sie in Rückenlage den Kopf entspannt auf einen Polster. Lassen Sie ein Bein flach ausgestreckt auf der Unterlage liegen. Umfassen Sie das zu dehnende zweite Bein mit beiden Händen an der Rückseite des Oberschenkels. Strecken Sie nun das Kniegelenk voll durch und ziehen Sie gleichzeitig auch ihre Fußschaufel hoch, damit ihre Ferse zur Decke schaut. Ziehen Sie das Bein nun soweit zum Gesicht bis ein Zug im hinteren Oberschenkelmuskel spürbar wird.

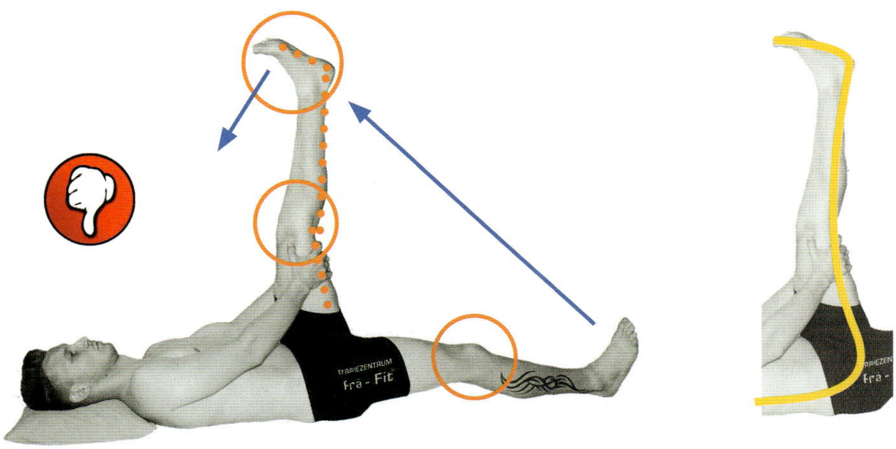

Diese Dehnung ist eigentlich ein Nerventest des nervus ischiadicus, den die Ärzte gerne benutzen. Man nennt ihn SLR, straight leg raise, bzw. Laségue. Bei Kompressionen des Nervs, durch Muskeln oder andere Strukturen, bei einer Bandscheibenvorwölbung oder einem BS-Vorfall, würde ein kleines gestrecktes Anheben des Beines auf der betroffenen Seite Schmerzen auslösen oder überhaupt nicht möglich sein. Eine Fußschaufelhebung (Bragard Test) verstärkt diese Schmerzen. Bei gesunden Personen sollte man eher nur ein starkes Ziehen in der Kniekehle oder von den Fersen zu den Zehen spüren. Mit dieser Übung bekommt man sogar die Wadenmuskeln unter Zug. Wenn im Kniegelenk zu stark gebeugt wird, dann kommt überhaupt kein Zug (keine Dehnung) zustande. Gleiches gilt, wenn das zweite Bein bei der Dehnung nicht flach am Boden liegt.

Empfohlene Dehnposition:

ASTE: In Rückenlage. Legen Sie ihren Kopf auf einen Polster. Wickeln Sie um den hinteren Oberschenkel des zu dehnenden Muskels ein Handtuch. Ziehen Sie nun das Bein Richtung Gesicht. Wichtig dabei ist, dass ihr Kniegelenk nicht ganz durchgestreckt wird und ihre Fußschaufel ganz locker bleibt. Damit kommt ihr Nervensystem nicht bevorzugt unter Zug. Das zweite Bein legen Sie flach ausgestreckt auf den Boden, sonst verliert die Dehnung an Effektivität. Mit einer leichten Drehung ihres Beins nach innen oder nach außen, können Sie die Wirkung der Dehnung bevorzugt auf die SM Anteile oder auf den *biceps femoris* richten.

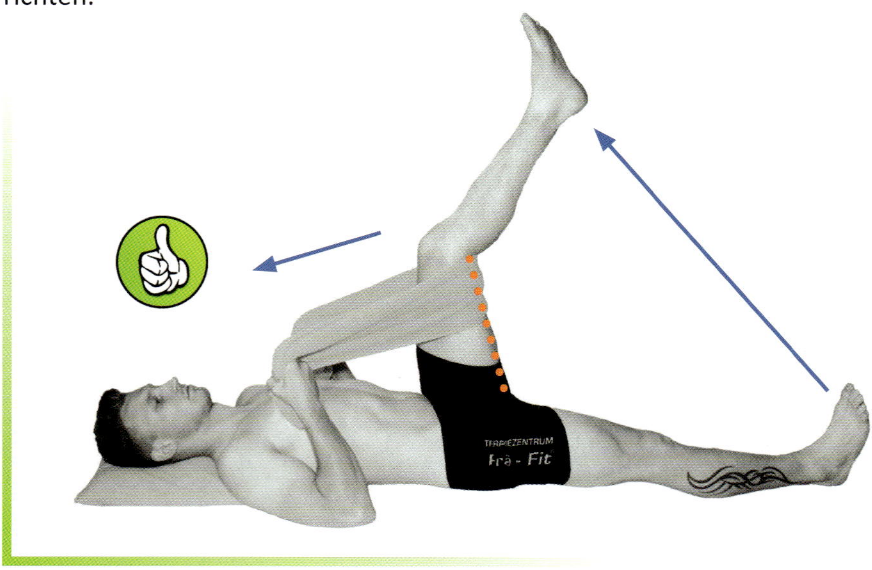

Variante 3:

ASTE: Legen Sie die Ferse des gestreckten zu dehnenden Beines auf einer Erhöhung ab und ziehen Sie ihre Fußschaufel hoch. Halten Sie dabei ihr Gleichgewicht am Standbein. Gehen Sie nun mit dem Oberkörper soweit nach vorne, bis ein Zug bzw. eine Dehnung am hinteren Oberschenkel spürbar wird. Sie können ihren Oberkörper soweit vorbeugen, bis ihre Finger die Zehen erreichen und die Dehnung verstärkt wird.

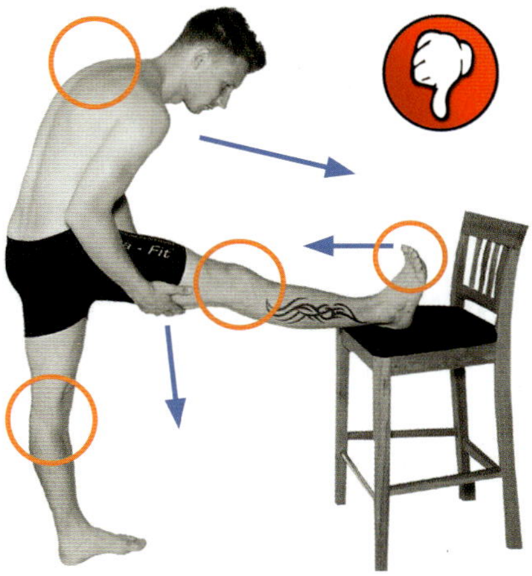

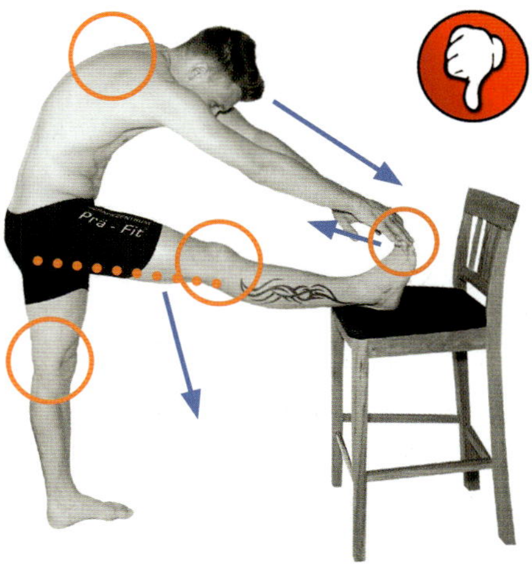

Beachten Sie bei dieser ASTE, dass ihr Kniegelenk im Standbein nicht überstreckt wird. Sie erreichen mit dieser Dehnübung eine Belastung des Nervensystems. Auch andere Strukturen, wie die Wadenmuskulatur, bekommen Sie unter Zug. Achten Sie auf die Haltung bzw. Belastung der Wirbelsäule.

Bei dieser Variante, der gleichen Dehnübung, sollten Sie bewusst Wert auf die ASTE nehmen. Strecken Sie ihr Standbein nicht vollkommen durch und beugen Sie das zu dehnende Bein leicht im Kniegelenk. Halten Sie ihre Fußschaufel in einer neutralen Position. Beugen Sie ihren Oberkörper mit geradem Rücken nach vorne und achten auf die Beckenkippung, da sonst ihr Dehneffekt geringer ist. Bauch anspannen nicht vergessen. Je nach leichter Drehung des zu dehnende Beins, können Sie das Augenmerk der Dehnung mehr auf den *biceps femoris* oder der SM lenken.

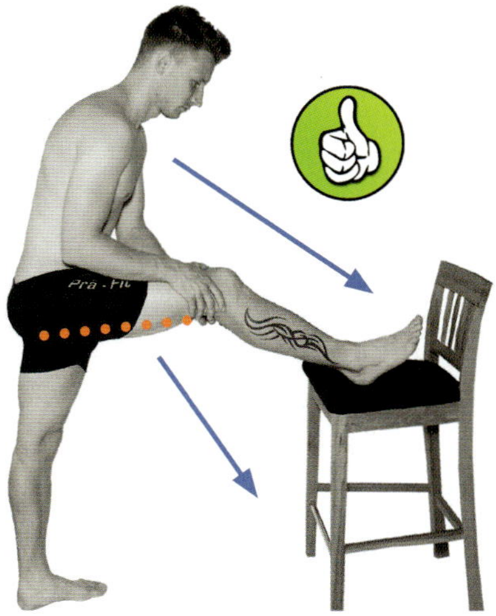

Variante 4:

ASTE: Im Stand. Diese Dehnvariante ist ähnlich der vorherigen. Stellen Sie die Ferse des zu dehnenden Beines nicht zu hoch ab. Verschränken Sie ihre Arme hinter dem Oberkörper, um die Wirbelsäule bewusster zu stabilisieren und aufrechter zu halten.

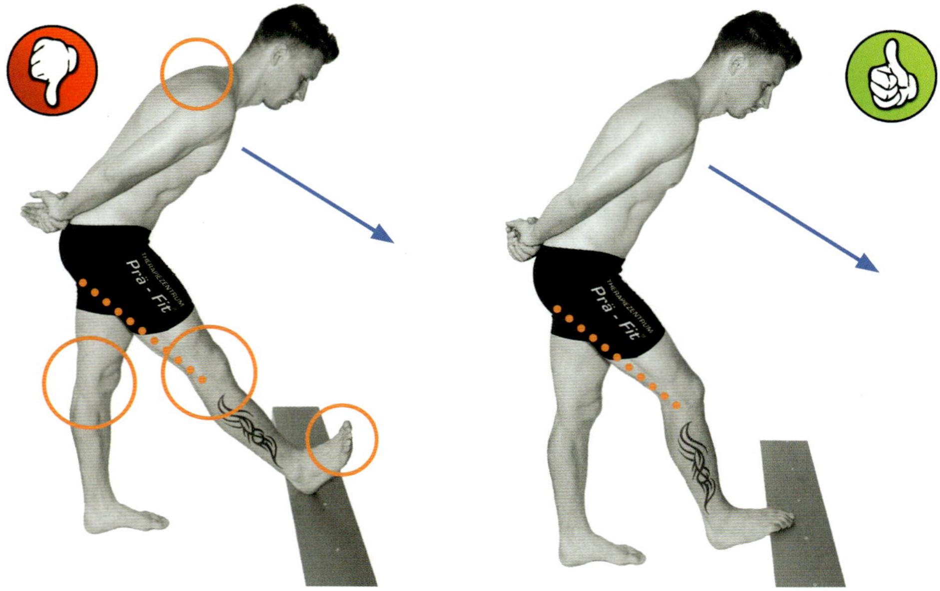

Auch bei dieser Übung gelten die gleichen Bedenken hinsichtlich der Struktur, die unter Zug (Dehnung) kommt.

Variante 5:

ASTE: Aufrechter Sitz. Lehnen Sie ihren Oberkörper dicht an die Wand während Sie ihre am Boden liegenden Beine in den Kniegelenken durchstrecken und beide Fußschaufeln anziehen. Der Vorteil bei dieser Dehnung ist die Fixation der Hüfte, die nicht ausweichen kann.

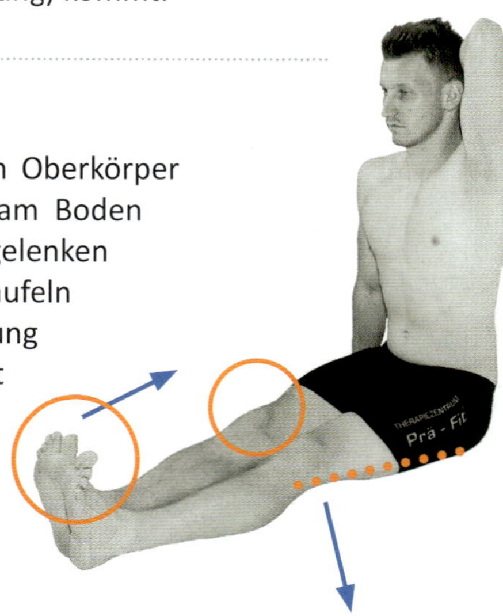

Das komplett durchgestreckte Bein führt zur Belastung des Ischias Nervs.

Variante 6:

ASTE: Im Kniestand strecken Sie ein Bein nach vor und stützen ihr Gewicht auf dem Knie ab. Wenn ihr Knie es zulässt, verschränken Sie ihre Arme hinter dem Körper, um im Oberkörper gerade zu bleiben. Mit dem Oberkörper einen leichten Schub nach vorne geben, damit der Muskel unter Spannung kommt.

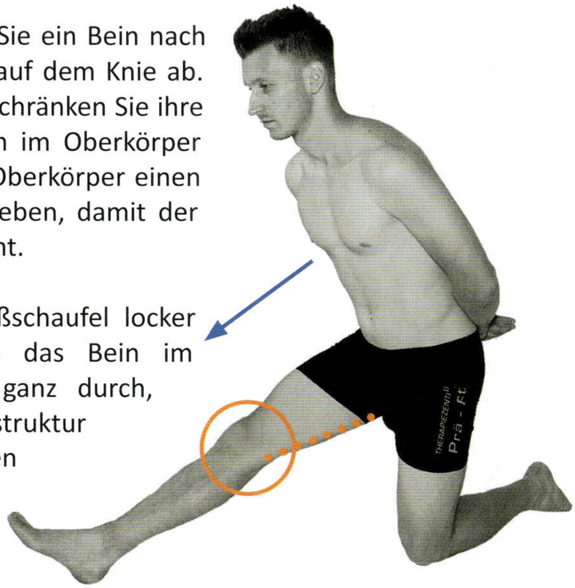

Lassen Sie die Fußschaufel locker und strecken Sie das Bein im Kniegelenk nicht ganz durch, sonst kommen die Nervenstruktur und die restlichen Strukturen des gesamten Beines unter Spannung. Legen Sie ein Handtuch unter das Knie um sich abzustützen. Die zweite Fußschaufel nicht aufstellen sondern locker liegen lassen.

Variante 7:

ASTE: Schulterbreiter Stand. Strecken Sie die Beine durch und stellen Sie ihre Füße parallel. Beugen Sie ihren Oberkörper soweit vor, dass Sie ihre Arme dabei locker hängen lassen können oder sogar am Boden abstützen können. Bei dieser Übung spüren Sie eine beidseitige Dehnung der hinteren Oberschenkelmuskeln.

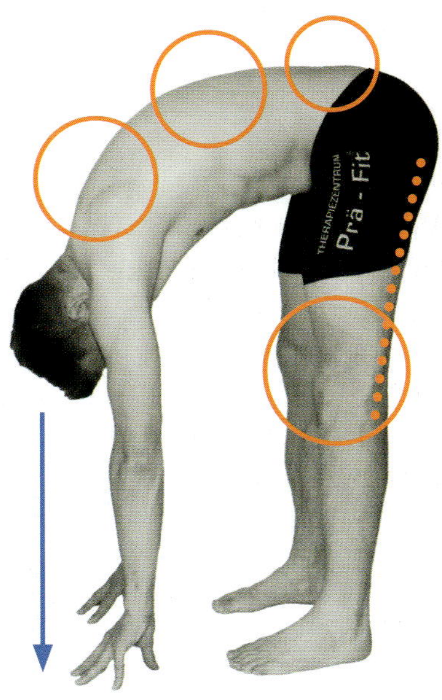

Auch hier kommen durch die überstreckten Knie alle Strukturen und speziell das Nervensystem unter Zug. Bedenken Sie dabei, dass das übermäßige Beugen in der Wirbelsäule für eine längere statische Dehndauer nicht empfehlenswert ist, da man dadurch

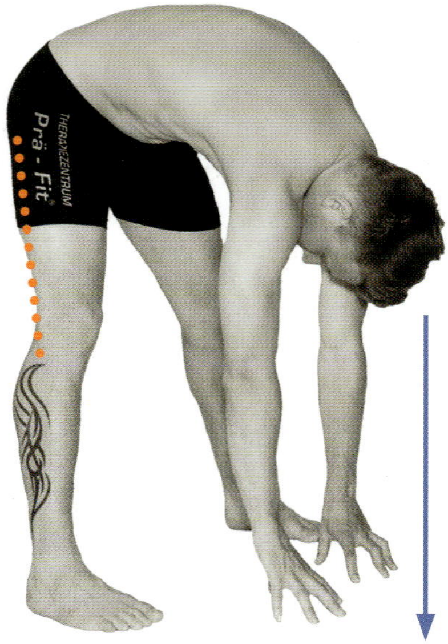

Bandscheibenprobleme begünstigt. Nun kann man den Zug auf den Ischiasnerv verringern indem man im Knie, wie im Bild, nicht ganz durchstreckt.

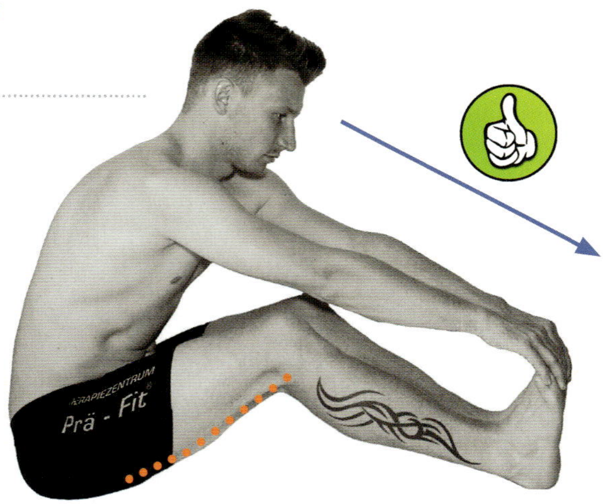

Variante 8:

ASTE: Im Langsitz. Greifen Sie mit den Fingern, je nach ihrer Dehnfähigkeit, nach vorne bis zu ihren Zehen.

⚠ Auch hier kommen beidurchgestreckten Knien alle Strukturen unter Zug. Daher ist es besser, die Knie nicht durchzustrecken und sich mit dem Oberkörper nach vorne zu beugen. So bekommen Sie bevorzugt den Zug der Dehnung auf die ischiocrurale Muskulatur.

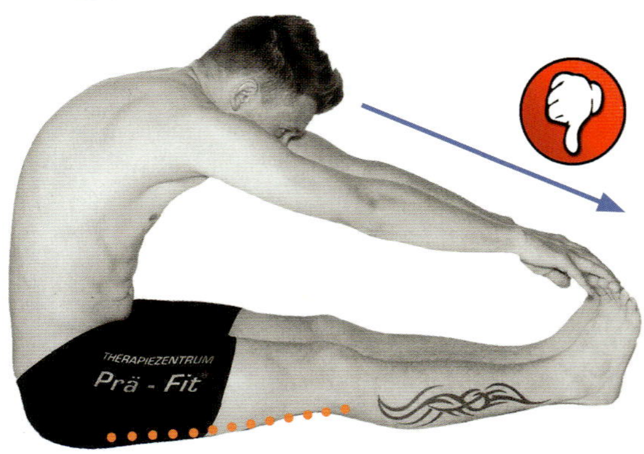

Variante 9:

ASTE: Im Langsitz wie bei der vorigen Übung mit dem Unterschied, dass Sie diesmal ein Bein unters Knie des zu dehnenden Beines, legen. Versuchen Sie trotzdem beide Gesäßhälften gleich zu belasten. Dabei die Fußschaufeln locker lassen. Nun neigen Sie den Oberkörper leicht soweit nach vor, bis Sie eine Spannung in den hinteren Oberschenkelmuskeln spüren. Halten Sie ihren Rücken dabei gerade.

Die Gefahren bei dieser Übung sind der Rundrücken, die Belastung in der Lendenwirbelsäule und der Halswirbelsäule. Die Beugung im Kniegelenk und die Außenrotation der Hüfte sollten frei und ohne Schmerzen möglich sein.

9.5.22. Dreiköpfiger Wadenmuskel (musculus triceps surae)

Besteht aus dem tiefen Schollenmuskel (*musculus soleus*) und dem oberflächlichen zweiköpfigen Wadenmuskel (*musculus gastrocnemius*), wozu auch der *musculus plantaris* zählt. Sie vereinigen sich zur Achillessehne am Fersenbeinhöcker. Der *soleus* entspringt am Wadenbeinköpfchen und am Schienbeinknochen. Der *gastrocnemius* entspringt mit zwei Köpfchen, einem inneren und einem äußeren Anteil vom inneren und äußeren Gelenkhöcker des Oberschenkels. Der *plantaris* entspringt oberhalb des äußeren Oberschenkelgelenkhöckers und zieht zwischen den beiden anderen Muskeln liegend zur inneren Seite der Achillessehne.

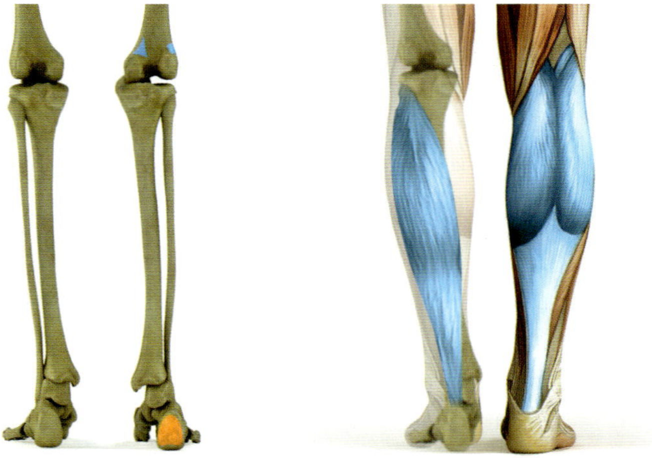

Er ist der wichtigste Muskel beim Gehen, denn er hebt das gesamte Körpergewicht beim Gehen und beugt im Kniegelenk. Seine volle Wirkung hat er beim gestreckten Knie, was man beim Spitzfußgang sehen kann. Er ist auch der stärkste Heber des medialen Fußrandes (Supinator).

Variante 1:

ASTE: Hüftbreite Schrittstellung. Beugen Sie das vordere Bein und strecken Sie das hintere Bein so weit nach hinten, dass bei durchgestrecktem Knie die Ferse bzw. die gesamte Fußsohle den Boden noch berührt.

Stützen Sie den Oberkörper mit ihren Händen an einer Wand ab. Schieben Sie die Hüfte nach vorne Richtung Wand, bis eine Dehnung im oberen Wadenbereich spürbar wird.

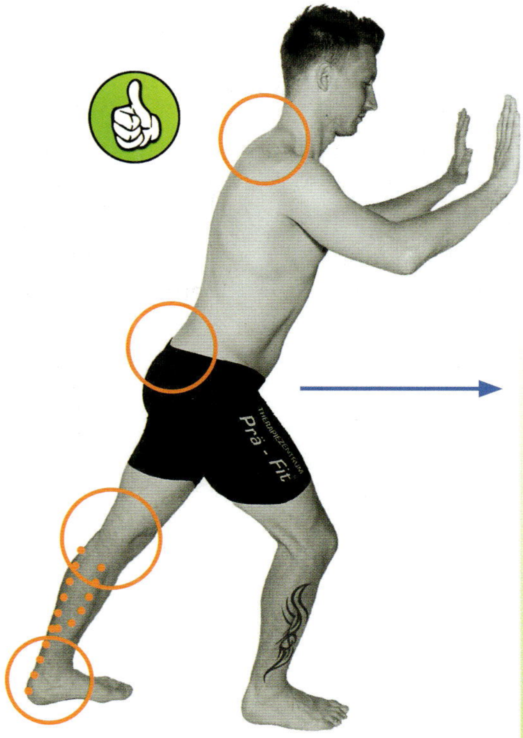

⚠ Heben Sie bei dieser Übung nicht die Ferse vom Boden ab, sonst geht die Dehnspannung verloren. Spannen Sie die Bauchmuskeln an damit ihr Becken nicht nach vorne kippt und Sie nicht ins Hohlkreuz fallen. Auf die Kopfhaltung aufpassen.

Variante 1 Teil 2:

ASTE: Kleinere hüftbreite Schrittstellung. Beugen Sie diesmal das hintere Bein im Knie, wobei die Sohle und die Ferse weiterhin Bodenkontakt haben sollen. Schieben Sie das hintere Knie soweit nach vorne, bis die Dehnspannung im unteren Teil der Wadenmuskulatur spürbar wird.

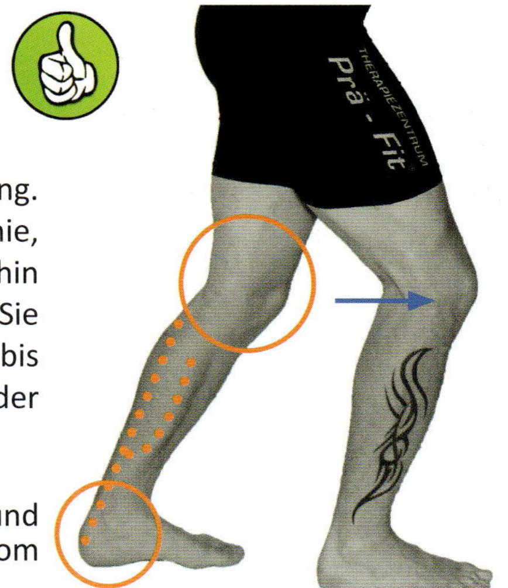

⚠ Strecken Sie nicht ihre Knie und heben Sie nicht ihre Fersen vom Boden ab.

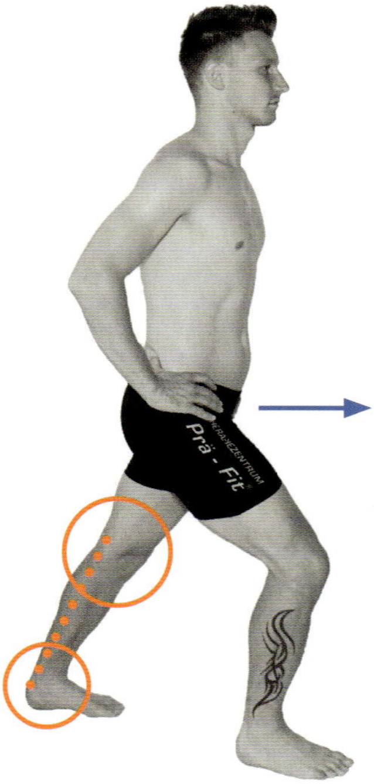

Variante 2:

ASTE: Füße hüftbreit auseinander mit Ausfallschritt nach vorne. Sie sollen parallel in Blickrichtung zeigen. Winkeln Sie ihr vorderes Bein ab, und schieben Sie dann mit geradem Oberkörper ihr Becken nach vorne, bis Sie die Spannung in den Wadenmuskeln spüren. Auch bei dieser Übung kann man das hintere Bein einmal strecken und einmal leicht beugen, damit man alle Muskelanteile dehnt. Es gibt eine weitere Variationen dieser ASTE. Sie können ihren Oberkörper leicht nach vorne neigen und mit den Händen am vorderen Oberschenkel in Kniehöhe, abstützen. Die weitere Ausführung verläuft wie bei der oberen Dehnung angeführt.

Die Ferse des hinteren Beines bleibt immer am Boden. Bei dieser Übung besteht die Gefahr ins Hohlkreuz zu fallen, dagegen hilft das Anspannen der Bauchmuskeln.

Variante 3:

ASTE: Machen Sie einen weiten Ausfallschritt nach vorne. Strecken Sie das hintere Bein durch, während Sie aufmerksam die Ferse bzw. Sohle auf den Boden drücken. Beugen Sie ihr vorderes Bein wie auch ihren Oberkörper nach vorne unten bis eine Spannung im Wadenmuskel spürbar wird.

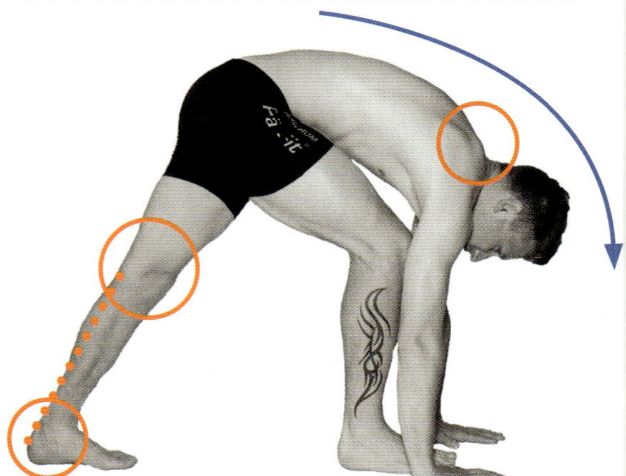

Diese Position ist eine eher unangenehme Haltung, da auf den Bauchraum Druck ausgeübt wird. Für die Wirbelsäule ist eine längere Haltung in dieser Position nicht vorteilhaft. Achten Sie darauf, die Halswirbelsäule nicht zu überstrecken, indem sie raufschauen.

Variante 4:

ASTE: In hüftbreiter Grätschstellung wie bei der Adduktorendehnung. Dabei überstrecken Sie die Beine im Kniegelenk bewusst. Halten Sie beide Fersen bzw. Sohlen am Boden. Schieben sie das Gesäß in Richtung Decke und strecken Sie ihre Knie durch. Dadurch wird die Spannung an beiden Wadenmuskeln verstärkt.

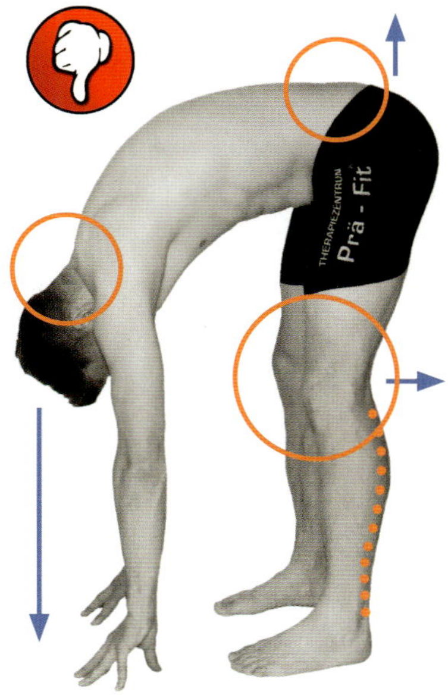

Diese maximale Beugung der Wirbelsäule und Überstreckung der Kniegelenke, der Druck im Bauchraum und im Kopf und das Verharren in dieser Position, während der Dehnung, ist nicht zu empfehlen.

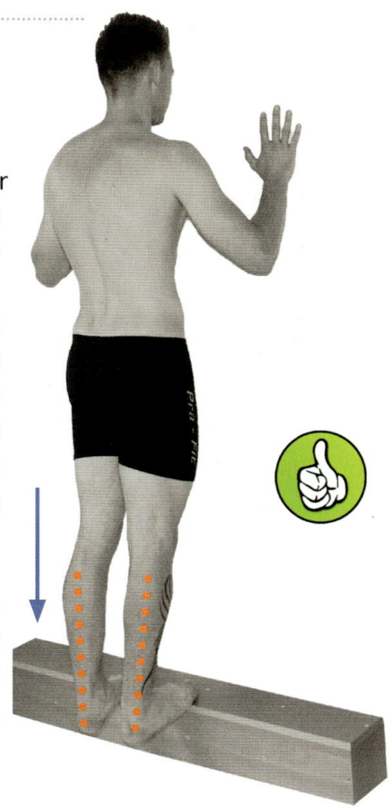

Variante 5:

Eine intensive Dehnung der Wadenmuskulatur mit großer Belastung durch das gesamte Körpergewicht auf die Achillessehnen. Auch die Strecker der Zehen werden gedehnt.

ASTE: Hüftbreiter aufrechter Stand. Stellen Sie sich mit durchgestreckten Knien mit dem gesamten Körpergewicht auf ihre Zehen an eine Kante. Halten Sie ihr Gleichgewicht mit den Armen an einer Wand. Lassen Sie langsam die Fersen zu Boden gleiten, während der Zug in den Waden immer intensiver wird.

Diese Dehnvariante wird auch als Exzentrische Dehnung der Achillessehnen, speziell bei chronischen Entzündungen der Sehne (speziell von Sportlern) als aktive Therapie, empfohlen.

Bleiben bei dieser Übung die Schmerzen der Achillessehne gleich oder werden sie weniger, dann soll man weiter üben. Das Gewicht des Körpers mit der gesunden Achillessehne (Bein) heben, das Gewicht auf die entzündete Seite verlagern und exzentrisch in Dehnung gehen. Diese Dehnung 10 mal wiederholen. Wenn die Dehnung zu Verbesserungen der Achillessehnensymptomatik führt, soll verteilt über den Tag, mehrmals geübt werden.

Variante 6:

ASTE: Hüftbreiter Stand mit kleiner Schrittstellung. Strecken Sie das hintere Bein nicht ganz durch. Legen Sie die Zehen des vorderen Beines auf die Rolle oder an die Wand oder an eine Kante, um sich abzustützen. Schieben sie nun den Oberkörper leicht vor, bis eine Dehnung an der Wade spürbar wird.

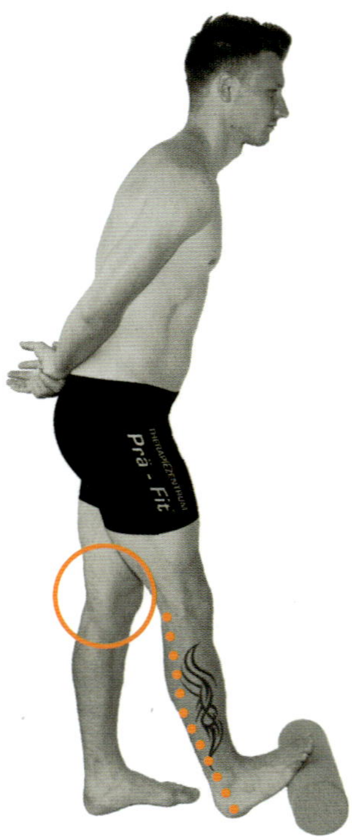

Es werden auch andere Muskeln des Unterschenkels unter Zug gebracht. Je nachdem wie intensiv man dehnen will, kann man den Oberkörper leicht nach vorne neigen. Das Standbein nicht überstrecken und zur Stabilisierung der Lendenwirbelsäule spannen Sie die Bauchmuskeln an und verschränken Sie ihre Hände am Rücken.

Meine Empfehlung zur erschienenen Literatur zum Thema Dehnen:

Optimales Dehnen, Sport-Prävention-Rehabilitation,
Autor: Prof. Dr. Jürgen Freiwald, Spitta Verlag, Balingen, 2009.
ISBN 978-3-938509-19-7

Muskeldehnung, Grundlagen Differentialdiagnostik Therapeutische Dehnungen Eigendehnungen,
Autor: K. Lindel, 2. Auflage, Springer Verlag, Berlin Heidelberg, 2010.
ISBN 978-3-642-17258-8

Stretching und Beweglichkeit, Das neue Expertenhandbuch,
Autoren: Karin Albrecht und Stephan Meyer, Haug Verlag, Stuttgart, 2005.
ISBN 3-8304-7221-8

mobi gym
Institut für medizinisch-physiotherapeutische Untersuchung, Lehre und Schulung
Frederik SIEMES, Liesingbachstrasse 165/18, A-1100 Wien, office@impuls-fs.at,
www.impuls-fs.at

Fasziendehandlung mit der Blackroll
Autor: Dr. Christoph Lukas, BoD-Books on Demand Verlag, 2012.
ISBN 9 783844 816761

Artikel über Faszien von Dr. Schleip und das Faszientraining unter *www.fashial-fitness.de*

Literaturverzeichnis

1. Anderson B.: Stretching, Bolinas California : Shelter publications, 1980.

2. Sölveborn S.A.: Das Buch vom Stretching. Beweglichkeitstraining durch Dehnen und Strecken, München, Mosaik, 1983.

3. Knebel K.P.: Funktionsgymnastik, Rowolth-Verlag, 1985.

4. Meert G.F.: Das Becken aus osteopathischer Sicht, Funktionelle Zusammenhänge nach dem Tensergity-Modell, 3. Auflage, Elsevier und Urban & Fischer Verlag, S. 29, München, 2009.

5. Maruyama K. / Natori R. / Nonomura Y.: New elastic protein from muscle. Nature, 262., S. 58-60, 1976.

6. Lindel K.: Muskeldehnung, Grundlagen, Differentialdiagnostik, Therapeutische Dehnungen, Eigendehnungen. Springer-Verlag, 2. überarbeitete Auflage, S.4, Berlin Heidelberg, 2010

7. Meert G.F.: Das Becken aus osteopathischer Sicht, Funktionelle Zusammenhänge nach dem Tensergity-Modell, 3. Auflage, Elsevier und Urban & Fischer Verlag, S. 50-53 , München, 2009.

8. Pischinger A.: Das System der Grundregulation, Haug Verlag Heidelberg, 1998.

9. Schleip R. / Müller DG.: Training principles for fascial connective tissues: scientific foundation and suggested practical applications, J. Bodyw. Mov. Ther. 2013 Jan; 17(1):103-15. doi: 10.1016/j.jbmt.2012.06.007. Epub 2012 Jul 21.

10. Kram R. / Dawson T.J.: Energetics and biomechanics of locomotion by red kangaroos (Macropus rufus), Comparative Biochemistry and Physiology Part B 120 (1998) 41-49, Elsevier.

11. Janshoff G. / Mück H. / Mück-Weymann M.: Beeinflusst Stretching die autonome Steuerung des Herzens?, Köln, Inst. f. Physiologie & Kardiologie, Univ. Erlangen-Nürnberg, Symposium Herzfrequenzvariabilität im Sport, Marburg, 8. Dez. 2001.

12. Arefi M.: Die Auswirkungen des Dehnens auf das Autonome Nervensystem, Akademie für den Physiotherapeutischen Dienst des Landes Steiermark am Landeskrankenhaus-Universitätsklinikum Graz, 2003.

13. Sugano A. / Nomura T.: Influence of water exercise and land stretching on salivary cortisol, concentrations and anxiety in chronic low back pain patients. J Physiol Anthropol Appl Human Sci. 2000 Jul;19(4):175-80.

14. Harre D.: Trainingslehre, 8. überarbeitete Auflage, Berlin, Sportverlag, 1973.

15. Glück S. / Schwarz M. / Hoffmann U. / Wydra G.: Bewegungsreichweite, Zugkraft und Muskelaktivität bei eigen- bzw. fremdregulierter Dehnung. Deutsche Zeitschrift für Sportmedizin, 53, S. 66-71, 2002.

16. Schnabel G. (Hrsg.): Trainingswissenschaft: Leistung-Training-Wettkampf, Berlin: Sportverlag, 1997.

17. P. McNair: stretching: Prescriptions and potential gains, neuromuscular preparation in sports, European Congress on prevention of diseases through physiotherapy, Vienna, Austria, Nov. 2002.

18. Freiwald, J.: Optimales Dehnen, Sport-Prävention-Rehabilitation, Spitta Verlag, Balingen, S. 279, 2009.

19. Butler D.S.: Mobilisation des Nervensystems. Aus dem Englischen übersetzt von Gisela Rolf, Springer Verlag, Berlin, Heidelberg, New York, S. 338, 1998.

20. Freiwald, J.: Optimales Dehnen, Sport-Prävention-Rehabilitation, Spitta Verlag, Balingen, S. 140, 2009.

21. Gollhofer A. / Rapp W. / Maier B.: Der Einfluß isometrischer Kontraktion auf die Empfindlichkeitseinstellung des Muskeldehnreflexes. In Krug J. Minow, H.J. (Hrsg.): Sportliche Leistung und Training, Sankt Augustin, S. 233-240, 1995.

22. Freiwald, J.: Optimales Dehnen, Sport-Prävention-Rehabilitation, Spitta Verlag, Balingen, S. 284, 2009.

23. Wydra G. / Glück S. / Roemer K.: Kurzfristige Effekte verschiedener singulärer Muskeldehnungen, Deutsche Zeitschrift für Sportmedizin, 50, S. 10-16, 1999.

24. Freiwald, J.: Optimales Dehnen, Sport-Prävention-Rehabilitation, Spitta Verlag, Balingen, S. 281, 2009.

25. Wiemann K.: Beeinflussung muskulärer Parameter durch unterschiedliche Dehnverfahren. In Hoster, M. & H.-U. Nepper (Hrsg.), Dehnen und Mobilisieren. (S. 40-71). Waldenburg: Sport Consult, 1994.

26. Wydra G. / Bös K. / Karisch G.: Zur Effektivität verschiedener Dehntechniken. Dtsch Z. Sportmed., 42 (9), S. 386-400, 1991.

27. Wiemann K. / Klee A.: Die Bedeutung von Dehnen und Stretching in der Aufwärmphase vor Höchstleistungen, S. 5-9, Leistungssport 4/2000.

28. Henning E. / Podzielny S.: Die Auswirkungen von Dehn- und Aufwärmübungen auf die Vertikalsprungleistung. Deutsche Zeitschrift für Sportmedizin, 45 (6), S. 253-260, 1994.

29. Kokkonen J. / Nelson A.G. / Cornwell A.: Acute muscle stretching inhibits maximal strengh performance. Research Quarterly for Exercise and Sport, 69 (4), S. 411-415, 1998.

30. Cheung K. / Humel P.A. / Maxwell L.: Delayed Onset Muscle Soreness Treatment Strategies and Performance Factors. Sports Med, 2003; 33 (2): 145-164.

31. Böning D.: Muskelkater-Ursachen, Prophylaxe und Therapie, Dtsch Ärztebl 2002; 99: A 372-A 375.

32. Freiwald, J.: Optimales Dehnen, Sport-Prävention-Rehabilitation, Spitta Verlag, Balingen, S. 220, 2009.

33. Gibson W. / Arendt-Nielsen L. / Taguchi T. / Mizumura K. / Graven-Nielsen T.: Increased pain from muscle fascia following eccentric exercise: animal and human findings, Exp Brain Res (2009) 194: 299-308 DOI 10.1007/s00221-008-1699-8, Springer-Verlag 2009.

34. Wiemann, K. / Kamphöfner, M.: Verhindert statisches Dehnen das Auftreten von Muskelkater nach exzentrischem Training? Deutsche Zeitschrift für Sportmedizin, 46(9), S. 411-421, 1995.

35. Smith L.L. / Brunetz M.H. / Chenier T.C. / Mc Cammon M.R. / Houmard J.A. / Franklin M.E./ Israel R.G.: The effects of static and ballistic stretching on delayed onset muscle soreness and creatine kinase, in Research Quarterly, Vol. 64, 1993, Nr. 1, 103107.

36. Wiltshire E.V. / Poitras V. / Pak M. / Hong T. / Rayner J. / Tschakovsky M.E.: Massage impairs postexercise muscle blood flow and „lactic acid" removal. Med Sci Sports Exerc. 2010 Jun;42(6):1062-71. doi: 10.1249/MSS.0b013e3181c9214f. PubMed PMID:19997015.

37. Schillinger A. / Koenig D. / Haefele C. / Vogt S. / Heinrich L. / Aust A. / Birnesser H. / Schmid A.: Effect of manual lymph drainage on the course of serum levels of muscle enzymes after treadmill exercise, Am. J. Phys. Med. Rehabil 2006; 85: 516-520.

38. Freiwald, J. / Engelhardt M.: Neuromuskuläre Dysbalancen in Medizin uns Sport, Ursachen - Analysen - Strategien. Deutsche Zeitschrift für Sportmedizin, Jg. 47, Nr. 3, 1996.

39. Wiemann, K. / Klee A. / Startmann M.: Filamentäre Quellen der Muskelruhespannung und die Behandlung muskulärer Dysbalancen. Deutsche Zeitschrift für Sportmedizin, Jahrgang 49, Nr.4, 1998.

40. Sperlich B. / Haegele M. / Nitsch S. / Wegrzyk J. / Krüger M. / MesterJ.: Bekleidung mit unterschiedlicher Kompressionsfläche hat keinen Einfluss auf die Ausdauerleistungsfähigkeit. Schweizerische Zeitschrift für Sportmedizin und Sporttraumatologie, 57(4), 132-135, 2009.

41. Davies V. / Thompson K.G. / Cooper S.M.: The effects of compression garments on recovery. J.Strength Cond Res, 23(6), 1786-1794, 2009.

42. Kraemer W.J. / Flanagan S.D. / Comstock B.A. / Fragala M.S. / Earp J.E. / Dunn-LewisC.: Effects of a whole body compression garment on markers of recovery after a heavy resistance workout in men and woman, J. Strength Cond Res, 24(3), 804-814, 2010.

43. Simons D.: Myofascial pain syndromes. Journal of Musculoskeletal pain 2 (2), 1994, S. 113-121

44. Ettlin TM. / Kaeser HE.: Muskelverspannungen: Ätiologie, Diagnostik und Therapie, Thieme Verlag, Stuttgart-New York, 2002.

45. Wall P. / Melzack R.: Textbook of pain. Churchill Livingstone, Edinburgh, 1989.

Abbildungsverzeichnis

Notizen

SURI 6